红色广东丛书

广东中央苏区

大埔革命简史

中共广东省委党史研究室
中共梅州市委党史研究室
中共大埔县委党史研究室
编著

SPM
南方出版传媒
广东人民出版社
·广州·

图书在版编目（CIP）数据

广东中央苏区大埔革命简史 / 中共广东省委党史研究室，中共梅州市委党史研究室，中共大埔县委党史研究室编著. —广州：广东人民出版社，2021.6

（红色广东丛书）

ISBN 978-7-218-15018-5

Ⅰ. ①广… Ⅱ. ①中…②中…③中… Ⅲ. ①中央苏区—革命史—大埔县 Ⅳ. ① K269.4

中国版本图书馆 CIP 数据核字（2021）第 096915 号

GUANGDONG ZHONGYANG SUQU DABU GEMING JIANSHI

广东中央苏区大埔革命简史

中共广东省委党史研究室
中共梅州市委党史研究室　编著
中共大埔县委党史研究室

出　版　人：肖风华

责任编辑：谢应祥　王智欣
封面设计：河马设计　李卓琪
责任技编：吴彦斌　周星奎
排版制作：广州市广知园教育科技有限公司

出版发行：广东人民出版社
地　　址：广州市海珠区新港西路 204 号 2 号楼（邮政编码：510300）
电　　话：（020）85716809（总编室）
传　　真：（020）85716872
网　　址：http://www.gdpph.com
印　　刷：广东鹏腾宇文化创新有限公司
开　　本：787 mm×1092 mm　1/16
印　　张：12　　　　**字　数：**125 千
版　　次：2021 年 6 月第 1 版
印　　次：2021 年 6 月第 1 次印刷
定　　价：38.00 元

如发现印装质量问题，影响阅读，请与出版社（020 — 85716849）联系调换。
售书热线：（020）85716826

《红色广东丛书》编委会

《广东中央苏区革命简史》编委会

主　任：陈春华

副主任：刘　敏　邓文庆

编　委：姚意军　张启良

《广东中央苏区大埔革命简史》编辑部

主　编：张建新

副主编：甘海洋　余美兴　黄志衡

编　辑：林德树　余　敏　赖海涛　肖公槐

总　序

百年征程波澜壮阔，百年大党风华正茂。习近平总书记在党史学习教育动员大会上指出："我们党的一百年，是矢志践行初心使命的一百年，是筚路蓝缕奠基立业的一百年，是创造辉煌开辟未来的一百年。"翻开风云激荡的百年党史，一代又一代中国共产党人，用鲜血和生命浸染了党旗国旗的鲜亮红色，书写了可歌可泣的历史篇章，铸就了彪炳史册的丰功伟绩。一百年来，党的红色薪火代代相传，革命精神历久弥坚，红色基因已深深根植于共产党人的血脉之中，成为我们党坚守初心、永葆本色的生命密码。

广东是一片红色的热土，不仅是近代民主革命的策源地，也是国内最早传播马克思主义、最早成立共产党早期组织的省份之一。在新民主主义革命的漫长历程中，广东党组织在中共中央的领导下，发动、组织和领导广东人民开展了一系列广泛而深远的革命斗争。1921年，广东党组织成立后，积极开展工人运动、青年运动，并点燃农民运动星火。

第一、二、三次全国劳动大会连续在广州召开，全国工人运动的领导机关——中华全国总工会在广州诞生。中国社会主义青年团第一次全国代表大会在广州召开，促进了全国团组织的建立、发展。在"农民运动大王"彭湃领导下，农潮突起海陆丰影响全国。

1923 年，中共中央机关一度迁至广州，中国共产党第三次全国代表大会在广州召开，推动形成了第一次国共合作，建立了国民革命联合战线，掀起了大革命的洪流。随后，在共产党人的建议下，黄埔军校在广州创办，周恩来等共产党人为军校的政治工作和政治教育作出了重要贡献，中国共产党也从黄埔军校开始探索从事军事活动。在共产党人的提议下，农民运动讲习所在广州开办，先后由彭湃、阮啸仙、毛泽东等共产党人主持，红色火种迅速播撒全国。1925 年，广州和香港爆发省港大罢工，声援五卅运动，成为大革命高潮时期一个十分引人注目的重要斗争。1926 年，在统一广东革命根据地后，国民革命军在广州誓师北伐，以共产党员为骨干的北伐先锋叶挺独立团所向披靡，铸就了铁军威名。在北伐战争胜利推进的同时，广东共产党组织和党领导的革命队伍迅速扩大和发展，全省工农群众运动也随之进入高潮。

1927 年"四一二"反革命政变以后，广东共产党组织在全国较早打响反抗国民党反动派血腥屠杀的枪声，广州起义与南昌起义、秋收起义一起，成为中国共产党独立领导中国革命、创建人民军队的伟大开端。随后，广东党组织积极探索推进工农武装割据，在海陆丰建立第一个县级苏维埃政权，并率先开展土地革命，开启了中国共产党领导人民进行的最重大的社会变革。与此同时，广东中央苏区逐步创建和发展起来，为中国革命的发展作出了不可磨灭的贡献。1931年，连接上海中共中央机关与中央苏区的中央红色交通线开辟，交通线主干道穿越汕头、大埔，成功转移了一大批党的重要领导，传送了重要文件和物资，成为土地革命战争时期党的红色血脉。1934年，中央红军开始了举世瞩目的长征，广东是中央红军从中央苏区腹地实施战略转移后进入的第一个省份，中央红军在粤北转战21天，打开了继续前进的通道，成功走向最后的胜利。留守红军在赣粤边、闽粤边和琼崖地区进行了艰苦卓绝的游击战争，高举红旗永不倒。

抗战全面爆发后，中共中央和中共中央长江局、南方局十分重视和加强对广东党组织的领导，选派了张文彬等大批干部到广东工作。日军侵入广东以后，广东党组织奋起领导广东人民开展敌后抗日游击战争，成立了东江纵队、琼崖纵队、珠江纵队、广东人民抗日解放军、南路人民抗日解放军和韩江纵队等抗日武装，转战南粤辽阔大地，战斗足迹遍及70多个县市。华南敌后战场成为全国三大敌后抗日战场之一，党领导的广东人民抗日武装被誉为华南抗战的中流砥柱。香港沦陷以后，在中共中央的领导和周恩来等人的精心策划安排下，广东党组织冲破日军控制封锁，成功开展文化名人秘密大营救，将800多名被困香港的文化名人、爱国民主人士及家眷、国际友人等平安护送到大后方，书写了抗战史上的光辉一页。

解放战争时期，在中共中央的领导下，华南地区大力开展武装斗争，开辟出以广东为中心的七大块游击根据地，成立了中国人民解放军琼崖纵队、粤赣湘边纵队、闽粤赣边纵队、桂滇黔边纵队、粤中纵队、粤桂边纵队和粤桂湘边纵队等人民武装，其中仅广东武装部队就达到 8 万多人，相继解放了广东大部分农村，在全省 1/3 地区建立起人民政权，为广东和华南的解放创造了有利条件。在广东党组织的配合下，人民解放军南下大军发起解放广东之役，胜利的旗帜很快插遍祖国南疆。

革命烽火路，红星照南粤。广东见证了中国共产党从新生到大革命、土地革命，再到抗日战争、解放战争等革命斗争全过程。其间，毛泽东、周恩来、刘少奇、朱德、邓小平、叶剑英、彭德怀、刘伯承、贺龙、陈毅、聂荣臻、徐向前、李富春、粟裕、陈赓等老一辈革命家和李大钊、蔡和森、瞿秋白、陈延年、彭湃、叶挺、杨殷、邓发、张太雷、苏兆征、杨匏安、罗登贤、邓中夏、恽代英、萧楚女、阮啸仙、张文彬、左权、刘志丹、赵尚志等一大批革命先烈都在广东战斗过，千千万万广东优秀儿女也在革命斗争中抛头颅、洒热血，留下了光照千秋的革命历史和革命精神。广东这片红色热土，老区苏区遍布全省，大大小小的革命遗址分布各地，留下了宝贵而丰厚的红色文化历史遗产。

习近平总书记强调，中国革命历史是最好的营养剂。重温这部伟大历史能够受到党的初心使命、性质宗旨、理想信念的生动教育，必须铭记光辉历史、传承红色基因。我们有责任把党领导广东人民进行革命斗争的光辉历史和伟大功绩研究深、挖掘透、展示好，全面呈现广东红色文化历史，更好地以史铸魂、教育后人，让全省人民在缅怀英烈、铭记历史中汲取砥砺奋进的强大力量，让人们深刻认识红色政权来之不易，新中国来之不易，中国特色社会主义来之不易，确保红色江山的旗帜永远高高飘扬。

为充分挖掘广东红色文化资源的丰富内涵，我们组织省内党史、党校、社科、高校等专家学者，集智聚力分批次编写《红色广东丛书》。丛书按照点面结合、时空结合、雅俗结合原则，分为总论、人物、事件、地区、教育五个版块。总论版块图书，主要综述中国共产党在广东的革命斗争历史概况，人物版块图书主要讴歌广东红色人物，事件版块图书主要论说党领导广东人民开展革命斗争的历史事件，地区版块图书从地市和历史专题角度梳理广东地域红色文化，教育版块图书着力打造面向青少年及党员的红色主题教材。丛书以相关的文物、文献、档案、史料为依据，对近些年来广东红色文化资源研究成果做了一次全面系统梳理，我们希望这套丛书能为党史学习教育、革命传统教育、爱国主义教育提供重要内容支撑。

一切向前走，都不能忘记走过的路，走得再远、走到再光辉的未来，也不能忘记走过的过去，不能忘记为什么出发。站在"两个一百年"的历史交汇点上，我们要更加坚定自觉地学史明理、学史增信、学史崇德、学史力行，赓续红色血脉，传承红色基因，以一往无前的奋斗姿态、风雨无阻的精神状态，推动广东在全面建设社会主义现代化国家新征程中走在全国前列、创造新的辉煌。

《红色广东丛书》编委会

2021 年 6 月

1925年秋，大埔县第一个中共支部——高陂支部成立。图为支部遗址高陂仰文学校

1926年春，大埔县第一个农会——太宁农会成立。图为农会旧址福兴寺

1926年8月，大埔县第一个工会——百侯缝业工会成立。图为工会旧址步梯小学

1926年10月，中共大埔县部委成立。图为县部委旧址茶阳老县府

1927年10月，八一起义军第十一军二十五师、第九军军官教导团在大埔农军配合下与国民党钱大钧部在大埔县三河坝浴血奋战。图为主要战场遗址笔枝尾山及后来建成的纪念园、纪念碑

1927年11月，梅埔丰边党员代表会议和中共大埔县部委扩大会议在桃源郭氏学校召开。图为会议旧址所在地

　　1928 年初至 1930 年，在实行武装割据基础上，逐步建立了县、区、乡苏维埃政权。图为昭稳堂——埔北区苏维埃政府高乾旧址

苏区时期分田证及红军军需处收据

大埔县区、乡苏维埃政权及党组织、军队等使用的部分印章

　　1930年冬，从上海经香港、汕头、大埔进入中央苏区的中央红色交通线建成。图为大埔交通中转站汀江青溪码头

1940年11月，中共南方工作委员会在大埔西河成立。图为机关旧址之一枫朗黄维礼老屋

1948年8月7日至24日，中共闽粤赣边区党代会在光德镇上漳鸟子石启明寺召开。图为党代会和边区党委机关旧址

目 录

前　言

　　大埔地处闽粤边陲，北连福建省龙岩市永定区，东北紧靠福建省平和县，东南连接潮州市饶平县，西依梅州市梅县区、丰顺县，群山簇拥，众壑纵横，是一个山多田少的边远山区县。然而，在中国革命史册上，大埔却是一个不容忽视的名字，一方充满魅力的红色热土。大埔这片红色土地和战斗在这片土地上的英勇的大埔人民，为中国革命写下了可歌可泣的红色篇章。

　　大埔革命活动很早开展。辛亥革命时期，众多大埔人追随孙中山为"驱除鞑虏，恢复中华"而前仆后继，浴血奋斗。陈文褒，即为广州黄花岗起义七十二烈士之一。护法战争期间，孙中山曾履足大埔。三河坝有全国现存年代最早的中山纪念堂，即为大埔人纪念孙中山先生莅埔而建。五四运动后，大埔的革命春潮更是汹涌澎湃，不可阻挡。

　　1921年，大埔旅穗学生张善铭加入中国共产党，为广东省首批党员及广东早期革命活动组织者之一。在张善铭的影响和带动下，邹师贞、蓝裕业、郭瘦真等八九位大埔籍学生在广州加入社会主义青年团或中国共产党。他们利用寒暑假返乡或其他机会回埔传播革命思想，有力促进了大埔党、团组织的创建和发展及学生运动、工人运动、农民运动乃至后来的武装暴动的兴起。1925年至1926年，大埔先后建立了第一个党支部——中共高陂支部、第一个工会——百侯缝业工会、第一个农会——太宁农会、第一个中共县级组织——中共大埔县部委会。1927年蒋介石发动四一二反革命政变。6月，大埔县党组织先后举行了湖寮、茶阳、百侯武装暴动，反抗国民党反动统治。1927年10月1日至3日，朱德率八一起义军一部在大埔三河坝英勇阻击国民党反动派军队，浴血奋战三昼夜，以掩护主力南下潮汕。在完成阻击任务，又得知潮汕主力失利的极其艰险情况下，朱德率这支成建制的部队辗转奔向井冈山，与毛泽东率领的秋收起义部队会师，在建军史上写下了光辉一页。

八一起义军撤离大埔后，大埔党组织发动了一系列发动暴动，开展了红色区域割据，创建苏维埃政权。1929年3月，长北乡苏维埃政府在茶阳高乾村成立。1930年1月，成立了大埔县革命委员会；埔东、埔西、埔南、埔北先后建立4个区苏维埃政府。1930年5月，成立了大埔县苏维埃政府；此时，大埔县已经是完整的苏区县。后来属闽粤赣省的梅埔丰、饶和埔境内的大埔红色区域及福建省直属的埔北红色区域融入了中央苏区。大埔苏区融入中央苏区后，积极完成中央苏区政府下达的扩红、筹款、支前、反"围剿"等任务，为中央苏区的巩固、发展及反"围剿"斗争作出了应有的贡献。

1930年9月，中共中央为加强上海的中央机关与赣南闽西的中央苏区联系，建立起多条交通线。其中从上海取海运经香港，转汕头，改河运逆韩江、汀江而上至大埔青溪，再走陆路进入闽西苏区，直到红都江西瑞金的一条支线，是唯一未被敌人破坏的。它被史学家称作"摧不垮打不烂的地下航线""中央红色交通线"。这条交通线全程数千里，担负着传送党中央与苏区的往来文件，运送物资、经费，护送人员等任务，尤其是圆满完成了党的中央机关从上海迁到中央苏区的护送任务。护送了周恩来、刘少奇、陈云、博古、任弼时、聂荣臻、刘伯承、叶剑英、董必武、张闻天、王稼祥、邓小平等党、政、军负责同志及国际人士李德共 200 多名领导干部到达中央苏区，还运送了大量的紧缺物资。大埔党组织和人民群众为中央红色交通线的安全作出了特殊贡献和巨大牺牲。

全面抗战爆发后，虽然国共两党达成合作抗日协议，但南方党组织仍遭国民党疯狂"清剿"。在中共南方临时工作委员会直接领导下，大埔党组织得以很快恢复和发展。1938 年 6 月成立了中共大埔县委员会，并领导抗日救亡运动蓬勃开展。1940 年春，由于大埔有较好的群众基础和斗争环境，闽粤赣边党的最高领导机关——中共闽西南潮梅特委迁来大埔。1940 年秋，中共南方局决定并经中共中央的批准，成立中共南方工作委员会（简称"南委"）。南委下辖江西省委、粤北省委、粤南省委、琼崖特委、湘南特委、潮梅特委、闽西特委、闽南特委和广西省工委等。南委机关设在大埔县境内，先后驻在西河大溪背竞业楼、大麻恭州下村"宜慎山庄"、枫朗大埔角等地。大埔党组织为保卫南委机关的安全付出了巨大的努力。

解放战争时期的 1947 年初，中共闽粤边工委结合边区形势提出在粤东的梅县、大埔等地先发动游击战争，打开局面后再往闽西南地区发展的战略。这一战略得到党中央批准。为此，中共闽粤赣边工委即把机关、电台迁到大埔；将闽西南部分军事骨干调入大埔。在边区党组织的直接领导下，大埔与邻县在反击国民党军多次疯狂"清剿"的斗争中，共同开辟了相对独立又连成一片的较为巩固的梅埔丰边县、饶和埔边县、永和埔边县三块游击根据地。1948 年 8 月 7 日，在大埔光德启明寺召开了中共闽粤赣边区代表大会，成立中共闽粤赣边区委员会。1947 年 5 月，中共闽粤赣边工委直属武装粤东支队在大埔青溪豪猪窟成立。1949 年 1 月，在大埔光德正式成立"中国人民解放军闽粤赣边区纵队"。刘永生任边纵司令员，魏金水任政治委员。大埔还是中共梅埔地委、闽西地委、韩东地委（后改称韩江地委）的驻地及所属军队的诞生地或驻地。为培养军队和地方人才，边区党委在大埔枫朗保安村创办了韩江军政干校、边区医院和卫生学校、财经干部训练班，共培养了各类学员 1000 多人。

在火红的革命岁月里，大埔人民为民族独立和人民解放事业作出了重要的贡献，4 万多大埔儿女献出了宝贵生命，染红了大埔这片土地，尤其是中央红军长征时，大埔更有数百名优秀儿女编入红三十四师，他们在湘江战役中英勇牺牲，大部分人连名字都没有留下。在参加长征这一史无前例的壮举中，有姓名可考的大埔人便有 26 人，人数名列广东之首。

　　"不忘初心，牢记使命"，学习党的历史，传承红色精神，凝聚起迈进全面建设社会主义现代化国家新征程的强大动力，是时代赋予我们的使命和责任。在中国共产党成立100周年的重要节点，我们编撰《广东中央苏区大埔革命简史》，既是向党的生日献礼，又是弘扬红色传统，推进苏区建设的重要举措。我们衷心希望，这本进行爱国主义和革命传统教育的好教材，对激励党员干部和广大群众学习和弘扬苏区精神，促进革命老区的经济和社会建设，产生积极的影响；我们衷心祝愿，大埔这块红色土地，建设得更加富庶、繁荣、文明、和谐，以告慰革命先辈，造福大埔人民。

第一章
党组织的创建和大革命时期

第一节　大埔开展革命斗争的有利条件

大埔建县始于东晋，初为义招县，后改名为万川县，明嘉靖五年（1526年）后易名为大埔县。邑域北连福建省龙岩市永定区，东北接壤福建省平和县，东南毗邻广东省饶平县，西南与广东省丰顺县、梅州市梅县区相依，邻近福建省上杭县、诏安县与广东省潮州市潮安区，是个边区山城。

一、大埔县乃兵家必争之地

大埔位于千山万壑、重峦叠嶂之间，远见山形各异，如芙蓉，如睡莲，如伏虎，如奔马，千岩竞秀，波连云涌。县境内有铜鼓嶂、凤凰山、莲花山、象湖山、西岩山五大山系，海拔千米以上山峰7座。群山环抱，峰峦重叠，山脉自北向南，蜿蜒交错。这里可攻可守，可驻可藏，为天然游击之地。源于福建武夷山南麓经上杭、永定的大河（今称汀江），冲破棉花滩险，于茶阳印山与小靖河、漳溪河相汇，冲出狮子口，南流三河坝；源于福建平和、南靖的清远河（今称梅潭河），流经邑域大东、枫朗、百侯、湖寮至三河坝；源于紫金经龙川、梅县的小河（今称梅江）入埔后抵三河坝；三条河水于三河坝汇成韩江，向南经潮汕注入南海。大埔为"汀潮间的一枢轴"。旧史兵家称"得大埔可进闽赣，失大埔潮汕不可恃"。驻茶阳则抑上杭、永定，兵守三河坝可制梅县、寻邬（今称寻乌），高陂设防直抑饶平、平和。故自宋元以来，凡战事均据大埔为险要。这些地理环境为民众反封建斗争创造了良好条件。

二、民众反封建斗争之举较早

大埔全域 2467 平方千米，耕地 21.38 万亩，占全县总面积的 5.8%，山地 332.72 万亩，占总面积的 87.22%。土地所得，不足食用，且多为地主占有。大埔县虽然有几百年的陶瓷工业发展史，但还处于小农业与家庭手工业相结合的生产方式阶段。封建制度下，百姓负担沉重，民不堪命，反抗之需，尚武者甚众。

1840 年鸦片战争爆发后，中国一步步沦为半殖民地半封建社会。帝国主义列强通过不平等条约勒索巨额赔款，占据中国领土，划分势力范围，操纵中国内政之举，激起了中国人民的反抗与斗争。大埔民众积极响应洪秀全领导的农民起义。1858 年 2 月，翼王石达开之部将石镇吉率太平天国军由龙岩、永定来到坪沙，与清军交战后，退入松口。1865年4月，太平天国军余部李世贤、汪海洋分别于平和、永定进入大埔，太平天国军莅埔之际，民众积极配合。20世纪初期，大埔不少知识分子和华侨参加孙中山组织的同盟会。1907年郭震珊回大埔组织同盟会，林谔庵于松口体育训练班毕业后返回大埔开展体育军训工作，发展同盟会会员；开办"新群书局"作为潮梅同盟会的联络阵地，沟通了韩江、汀江流域的汕头、永定、上杭、长汀等地；1910年创办《瀛州日报》，鼓动革命。1911年3月29日，旅星（即新加坡，时人称之星洲，下文同，不另注）侨胞陈文褒远道赶回参加广州黄花岗起义，不幸殉难，更激发了大埔青年的革命热情。何季武为响应孙中山号召的武装革命，创办大埔乡团模范训练所。1917年，孙中山为了挽救中国危亡，南下护法，组建中华民国军政府。1918年春，护法援闽粤军总司令、惠潮梅督办陈炯明率部驻扎大埔茶阳、三河坝等地，设司令部于三河坝汇城天主教堂。同年夏，孙中山专程从潮汕乘"协和"号火轮莅临三河坝汇城村慰劳护法援闽粤军，并督促陈炯明率部护法，入闽平逆。1929年，同盟会会员徐统雄倡筹巨资兴建中山纪念堂于三河坝（此堂为中国最早建成的中山纪念堂）。

三、五四爱国运动影响了大埔

中华人民共和国成立前，大埔有众者为谋生，被逼走四海、越重洋，离乡背井。据民国县志载，旅省 1000 余人，旅汕 2700 多人，旅潮 3000 多人，旅星上万人，旅马 3200 人；在县人口 30 万多人，这又为民主革命新思想输入邑内创造了条件。

1919 年 5 月 4 日，北京爆发学生、群众反帝反封建爱国运动后，大埔《旬报》及时报道爱国学生运动的消息，马克思列宁主义及新民主革命思想逐渐流入大埔。各中小学师生集会游行，组织学生剧社，编演白话剧，开展社会宣传活动，星期天设台演讲，举行抵制日货的斗争。县城大埔中学（原乐勤中学）张善铭、贺遵道、廖其清、杨始开、陈成都（陈正，永定人）等组织学生十人团，手举"打倒列强""反对和约签字""废除二十一条""誓死不买仇货"等标语小旗，上街游行，搜查日货。沿街各店挂出"抵制仇货"等标语。学生剧团还在天后宫搭台，公演白话剧，揭露日本侵略者的野心和罪行。高陂仰文学校校长林谔庵及谢天放等组织学生救国团上街游行，成立救国演出团，赴全县各区圩场演出。在大埔旅潮小学，校长刘竹岩及杨简士、郭寿华等组织师生参加潮州的反日示威游行，成立学生救国团，与高陂仰文学校联合成立由钟展南、郭瘦真、连学史等组成的学生剧社（团），在潮州、大埔、永定等地公演，传播爱国主义思想。大埔各区设立阅报社，向青年提供上海、北平、汕头出版的书报。大埔青年深受五四运动的启迪。在新文化思潮的影响下，张善铭、郭瘦真、卓庆坚、赖玉润、蓝裕业等青年学生纷纷外出求学，探索救国救民之真谛。新文化、新思想的广泛传播，熏陶了有志青年及民众，为中国共产党组织在大埔的建立奠定了基础。

第二节　党、团组织的创建与发展

1921 年，中国共产党创建后，大埔旅穗学生张善铭即为广东支部成员之一，随后邹师贞、蓝裕业、郭瘦真、廖其清、廖伯鸿、邹浩、赖玉润等在广州加入社会主义青年团或中国共产党。他们关心乡梓，利用寒暑假回大埔宣传马列主义思想，使大埔较早建立了党、团组织。

一、大埔第一个中共党员——张善铭

张善铭（1900—1928），西河下黄砂村人。张善铭在 1921 年夏秋间，由谭平山介绍加入中国共产党，是广东早期中共党员，大埔籍第一位中共党员；1922 年，参加团广东区委的领导工作，任新学生社主任；1924 年 6 月，赴苏联东方大学学习军事；次年 6 月返广东，任广东区团委书记，后被任命为国民革命军第四军政治部主任、中共海陆丰地委书记；1927 年四 · 二反革命政变后，任中共东江特委书记，参与策划了 3 次海陆丰农民武装起义；同年 10 月 15 日，被选为中共广东省委委员，并参加了 12 月 11 日广州起义，省委书记张太雷牺牲后，张善铭代理省委书记；1928年元旦，在广东省委全体会议上，当选省委常委、军委主任；同年 4 月，省委复派其前往海陆丰领导东江武装暴动，为陈济棠、余汉谋部逮捕，惨遭杀害，时年 28 岁。

二、大埔团组织的建立

1923 年 3 月，大埔县内就建立了广东新学生社大埔分社。同年 10 月，社会主义青年团（即共青团前身）大埔独立支部在大埔中学成立。1926 年春，在广州加入共青团的张穆回到百侯，担任百侯中学教师。他在学校组织新学生社，先后吸收童子军教官林成藩，学生杨致祥、肖寿皇、张璇、杨延尝，百侯小学教师杨树荣、丘颂扬、曹文、肖野农，店员杨鹤松、丘荣泉等加入共青团，成立共青团百侯支部，张穆任支部书记。1926 年 7 月，共产党员学生廖仲达、钱干城等，创建共青团高陂支部，廖仲达任团支部书记。至 1927 年 4 月，全县共青团员发展到 100 多人。

三、大埔第一个党支部的诞生

1925 年初，赖释然在汕头加入中国共产党。同年夏，他返回大埔高陂，通过教师联合会，先后吸收高陂小学教师陈井（陈紫英）、女学生郭才，仰文学校学生会负责人廖仲达、张拱南等加入中国共产党，在高陂竹头下蚬子坑召开秘密会议，填写入党申请书，举行入党宣誓仪式，建立高陂党小组，廖仲达任小组长。后经廖仲达、张拱南介绍，同班同学李孔光、赵迪生、廖良海、徐家诗、钱干城、罗华明等和教师陈用光、廖秀藩、罗欣然等先后加入中国共产党，并于同年夏成立了大埔县第一个党支部——中共高陂支部，赖释然任书记。

四、大埔共产党组织的发展

1925 年 7 月，因东征军回师广州，洪兆麟部复占潮汕。旅潮小学教师杨新民、李言皆、杨简士等党员，遵照团汕头地委"分散活动，开展农村工作"的决定，分别回到百侯小学、附城西南小学及县教育局工作。李言皆、饶维昌在西河维靖乡吸收李理皆、张鸣铿、李乃耿、李其浩等加入中国共产党后，成立中共维靖支部，李言皆任书记。不久又吸收饶万成、李均爵、李维统等为中共党员。

杨新民、杨凤阳等回到百侯小学，吸收丘荣泉、杨宗衍、杨树欣等加入中国共产党后，建立百侯支部，杨新民任书记。后又发展了杨树荣、丘颂杨、肖野农、杨伦经、杨宏经、林成藩等人加入中国共产党。

1925年冬，中共潮安特派员郭瘦真等吸收大埔人郭栋材入党后，派其返回大埔创建中共大埔县部委。郭栋材与赖释然、杨简士等建立中共大埔特别支部，赖释然任书记。

1926年2月，李言皆赴大麻恭州翠英小学任教，建立了中共恭州支部。1926年春，依广东党团联席会议的规定，接收超龄团员转为党员，大埔在工人、农民中发展的团员、党员总数达100多人。

1926年11月，中共大埔县部委（县委）成立，郭栋材任书记（后由饶龙光接任），赖释然、杨简士、李言皆、饶龙光为委员。中共大埔县部委（县委）成立后，党的基层组织得到进一步的发展。在埔东，1927年1月，罗欣然、廖秀藩赴平原北坑，吸收农会干部郑伦武、廖勒石、廖醉廷（后叛党）等加入党组织后，建立北坑党支部，郑伦武任书记。在埔西大麻、银江等地，首先谢卓元介绍在大麻中学读书的房运明、房明光、余勇文、余庚文入团。1927年春，团潮梅特委宣传委员何德常回银江昆仑小学任校长。中共大埔县部委书记郭栋材赴银江检查工作，决定他们由团转党，分别建立：冠山支部，房运明任支部书记；坪上支部，廖顺光任支部书记，成员有黄朋生、黄拱辰；乌石坪支部，由在东山中学入党后回银江工作的张凤初任支部书记。在埔南桃源，由郭瘦真、张土生吸收邓云光、钟道生入党。1927年夏，邓云光、钟道生在桃花介绍张维阶、张景春、范兴意等人加入中国共产党后，建立桃花支部，张维阶任支部书记。在埔南光德，郭瘦真和在厦门大学入党的黄海波介绍李良惠、李春发、李韵琴等加入党的组织，建立澄坑支部，黄海波任书记。在埔西，张土生、钱干城赴洲瑞，在营子里吸收教师丘宗海、丘沦海等入党，建立党的支部，丘宗海任书记。后又在赤水德馨学校介绍黄同奇、张干才入党，与张国栋一起组成赤水支部，黄同奇任书记。在埔东，赖释然任湖山公学校长，吸收蓝始有等入党后，建立湖山支部，赖释然兼任书记。

大革命时期，中共大埔县各级组织不断发展、壮大与健全，成为国共合作时期，县内蓬勃掀起的学生、工人、农民运动的主心骨。

第三节　学生及工农运动的兴起

一、学生运动

中共大埔党组织创建后，进一步发挥教师联合会、新学生社的组织作用，组织教师、学生在城乡广泛宣传革命思想，组织剧团公演，游行集会，举办演讲会，组织青年读书会等，把社会宣传与社会服务结合起来。提倡平民教育，开办夜校，招收农村青年及妇女入学，以夜校为阵地，进行反帝反封建的宣传。当时开办夜校计高陂五六间，大麻两间，西河黄砂一间，每间学生约100人。印制党内发行的《共产党宣言》《共产主义 ABC》《向导》《中国青年》及同乡会的《大声》等书刊供师生阅读传播。教师学生还组织白话剧宣传演出，内容从五四爱国运动的抵制日货扩展到反对帝国主义，打倒军阀。

1925 年夏，广州"沙基惨案"的消息传来，县城茶阳及高陂等地各界青年、群众，分别举行反对帝国主义者的抗议集会游行，召开郭光彩烈士追悼会，声援上海"五卅惨案"示威大会。

1926 年 5 月 30 日，在"五卅惨案"纪念日，银江公学组织师生游行，表演帝国主义、军阀土豪欺压劳苦大众的活报剧，编唱歌谣，揭露土豪劣绅的霸道行径。一名东山中学学生参加游行，被巡官扣留，银江公学学生会组织童子军冲击警察所，迫使巡官放出被扣学生，此举扩大了学生运动的影响。

1925年至1926年间，党组织发动中小学教师编写以反对封建主义、反对军阀、反对帝国主义侵略为内容的活报剧《孔雀东南飞》《亡国恨》等，组织演出队在茶阳、三河、大麻、莒村、百侯、高陂等地巡回演出的同时，学生演出队派人协助当地群众组织农民协会、行业工会。

二、工人运动

大革命时期，大埔仍处于自然经济状态，作为主要工业的陶瓷业亦停留在手工作坊的生产方式阶段。工人多数还不可能完全脱离农业，工人和农民还天然地联系在一起。

1922年5月，郭瘦真出席在广州举行的第一次全国劳动大会后，给大埔带回《八小时工作制》《全国总工会组织原则》，开始发动工人运动，提出了建立大埔陶业工会的建议。在埔南青坑、沙雷、长三坑等地组织了陶业工会。

1926年8月1日，丘荣泉、杨鹤松等在百侯组织缝业工会。先串连发动人数众多的缝衣工人，接着在步梯学校召开缝业工人大会，宣布成立百侯缝业工会，选出杨经伦任会长，提出"工人阶级团结起来""打倒帝国主义""打倒军阀""打倒资本家""提高工资，改善工人生活"等口号，揭开了百侯工人运动的序幕。

工会成立后，一些资本家逼工人上夜班，降低工资，并买通百侯区政府，强行解散工会。8月10日，在百侯党支部的领导下，工人们决定组织罢工斗争，举行集会游行。是日，百侯180多名缝业工会会员在步梯学校集中出发，手擎红旗，高呼"工人阶级团结起来，跟资本家斗到底""不提高工资决不复工"等口号，浩浩荡荡冲向百侯街，百侯的师生也积极参加。一些工人还抬起资本家的缝纫机头，迫使资本家派出代表与工会负责人谈判，接受工会提高工资的条件，斗争取得了胜利。10月，杨经伦应邀参加汕头召开的岭东缝业工会代表大会。会后，百侯缝业工会成立岭东缝业总工会百侯分会。

国共两党合作，发动和组织了行业工会。1926年11月，中共大埔县部委成立后，为推动工人运动的开展，中共大埔县部委设工人运动委员，由杨简士担任，并协助国民党大埔县党部在党部中设立工人部，由中共大埔县部委书记郭栋材任部长。由国民党左派徐鹿琴具体组织，发动高陂的工人和店员参加反帝集会游行，逐步建立了高陂缝业工会、篷船工会、搬运工会、店员工会、百业工会和理发工会。张土生、邓汉龙在桃源发动召集陶业工人在桃源公学开会，成立桃源陶瓷工会，邓汉龙任主席。在徐鹿琴指导下，建立平原陶业工会。各地工会提出实行八小时工作制，增加工资等要求。为了与企业主斗争，高陂、桃源陶业工会联合饶平、丰顺县陶业工会，在高陂组成饶和埔陶业总工会，推举郭瘦真任总工会主席，徐鹿琴负责具体业务，经营高陂出产的陶瓷产品，直接运销潮汕，抵制陶瓷商人的剥削。工会实行工票制，由总工会与各企业主结算，凭工票支付工资，以达到提高工人工资的目的。

三、农民运动

在国共合作的大革命时期，大埔县和全国各地一样，掀起了轰轰烈烈的农民运动。

在大埔北部，1923 年，茶阳太宁的张高友、饶龙光、饶伟昌等先进青年，阅读了《新青年》《每周评论》《向导》等刊物，较早地受到革命思想的影响。他们以学校为中心、夜校为阵地，串连先进青年，开设平民学校，建立太宁乡自治促进会、乡民调解委员会，在民众中享有很高的威望。

1926 年春，省农民协会农运特派员赖释然到太宁协助饶龙光等人组织农民协会。太宁农民协会设于福兴寺，公推饶龙光为农会主席，成为全县最早的乡农民协会，会员很快发展到 1500 人。太宁农会开展了轰轰烈烈的"二五减租"运动，还编印了《太宁月刊》，传播革命思想和农运事迹。

太宁农会的成立影响很大，附城各乡农民纷纷要求组织起来。

长教于 1926 年秋成立了长教乡农民协会，谢快能任主席。刘德、胡伟初等在城东下马湖一带发动农民，建立农会，刘德任主席。西河大靖、黄砂也以学校为中心，发动农民，组织了农民协会。同年秋，邹国平建立长治仁厚村农会后报请广东省农民协会批准，扩大成立花窗乡农民协会。张恨秋、孙纪龙在西河汶水组织农会，由黄文秀任主席。青溪乡由徐元熊组织农会。

平原北坑小学教师郑伦武发动成立北坑乡农会，参加农会者200 多人，郑伦武任主席。平原乡农会，廖勒石任主席。桃源、逆流、乌槎、三洲坑、赤山、赤水、古野也分别成立了乡农会。

在大埔东部，赖释然、连半天发动王兰小学教师到中岭、陶金坑等地建立王兰乡农民协会。

在大埔西部，1927 年初，谢卓元回英雅组织农会，在坑尾怡和楼召开农会会员大会，选举管伯基任主席。郭栋材和黄埔军校学生余远经在银江学校组织"五卅惨案"纪念大会，向农民宣传革命道理，会后，组织进步老师下乡建立农会，银中村、昆仑村、冠山村、乌石坪村先后成立了农会。

大埔县各地农民协会成立后，发动会员为实现"二五减租"开展各种形式的斗争。"中山舰事件"后，附城区的肖雨史、饶两我等乘机反攻倒算，企图追回"二五"减去的田租利息。东江行署委派陈毓辉任大埔县长，他们互相勾结，将全县八个区的区长职位按地区"肥瘦"定价出卖。大埔地方党组织发动太宁、长教、城东等地的农会会员到县城举行孙中山逝世一周年纪念集会，会上揭露反动县长出卖革命政权的罪行，组织游行，并封锁了城门，搜捕贪官，逼使东江行署免去了陈毓辉县长职务，斗争取得初步胜利。

为使县长签发减租减息条例，中共大埔县部委组织城区各农会于1927年3月12日孙中山逝世两周年纪念日举行联合大会及示威游行。游行队伍在饶龙光、饶炳寰率领下进入县衙，向县政府请愿。县长曾希周见势逃之夭夭，县政府秘书被迫接见了请愿代表，答应印发布告，实行减租，废除除田租外的剥削，规定租斗为15斤的铁斗。英雅农会在杨肖仁的带领下，在那口、水兴码头设花岗石制的标准石斗，以便核实地主使用的收租斗。

第四节　大埔民众支援北伐战争

1926年夏秋间，在共产党人的推动和影响下，广州国民政府以国民革命军为主力，开始发动北上推翻北洋军阀的统一战争，史称"北伐战争"。

1926年7月9日国民革命军举行北伐誓师大会后，东路军于8月进驻大埔三河、高陂，筹划北伐入闽。中共大埔县部委积极动员各乡农会、工会、教师联合会支援北伐战争。罗欣然、贺域道在高陂组织工人、学生，把北伐军宣传队带来的大批标语、宣传小册，分送到各乡张贴和散发。师生们组成宣传队为北伐军做客家方言翻译，配合做好宣传工作。高陂、大麻、三河、茶阳、太宁、长教等沿途的乡、村农会和工会等团体，备足茶水、米粥，招待过境北伐军官兵。9月17日，北伐军进入太宁、长教后，饶龙光、饶寿田、张高友等发动1000多名农会会员、农会干部，组成军需运输队，运送粮食枪弹等；派出骨干力量，随军参加宣传队。北伐军驻高陂时，农会、工会派宣传队散发、张贴标语。10月10日，北伐军攻打永定县城时，太宁农军参加出击湖雷、坎市等战斗。北伐军送锦旗一面，书云："十五年秋，我军入闽，道经太宁，深得乡人赞助，特赠此旗，以作纪念。"罗欣然、李明光等数十人编入第二路军政治部宣传队。县部委书记郭栋材亦调任新编第二师政治部主任，直接参加北伐战争。他们在战斗中经受了锻炼，培养了才能，成为后来土地革命战争时期大埔武装斗争的领导力量。

第五节　反抗国民党右派的武装暴动

1926 年夏秋间，赖释然出席广东省第二次农民代表大会后，在茶阳太宁传达了大会精神，并带回《广东省农民协会章程》《农民自卫军组织法》组织学习，大埔各地农会开始筹建农民自卫军。

1926 年 12 月，经报请省农民协会批准后，太宁农民自卫军正式成立，并召开颁证、颁旗大会，举行全乡示威游行。农民自卫军通过募捐等形式筹款购枪 70 多支，加上农民献出的鸟枪、土铳、长矛等 300 多件，建立了农民自己的武装。西河的黄砂村，以农会会员为骨干成立的农民自卫军，陈梅光担任队长。

郭瘦真、郭栋材、徐鹿琴分别在桃源、桃花组织以党、团员为骨干的桃源农民自卫军，邓云光任队长，桃花村农民自卫军中队，由张原臣任队长。两队联合行动，于韩江桃花渡口打击反动轮船，筹款购枪。

大革命后期，大埔各地组建的农民自卫军，为土地革命战争时期武装反击国民党右派的反革命屠杀准备了军事力量。

1927 年，继上海四一二反革命政变后，4 月 15 日，广东国民党当局在广州发动了反革命政变，组建国民党广东省"清党"委员会，在广州、汕头进行了反革命大屠杀，邹师贞（今茶阳镇长治人）等100多名共产党员惨遭杀害。大埔县"清党"委员会改组旅省同学会及《大声》杂志社，清除共产党员、团员后，回大埔改组国民党大埔县党部，对全县国民党员进行重新审查登记，组织革青社取代新学生社，开除进步学生。

面对急转直下的革命形势，随军北伐的郭栋材、汕头地委的贺遵道，在上海入团的梁耀南等纷纷返回大埔，协同中共大埔县部委武装反击国民党右派的屠杀。

中共大埔县部委将大革命后期建立的太宁、桃源、桃花等地农军整编为大埔县农民自卫军独立第一团，团长饶龙光，团以下设连，第一连（太宁）连长饶寿田，第二连（桃源、桃花）连长邓云光，组织武装反抗国民党右派的暴动。6月3日，农民武装攻占同仁（湖寮）区署和警察所，随后召开群众大会，宣布成立同仁区政府，赖释然任区政府主席。6月5日，大埔农军进攻县城茶阳，占据县警署和县政府，并成立大埔县政务委员会，郭栋材任主席。这些都是大埔党组织领导的推翻反动势力，创建工农大众当家作主新政权的最初尝试。

第二章
土地革命战争时期

第一节　南昌起义军进入大埔及三河坝战役

1927年，中共领导八一南昌起义后，起义军南下广东，旨在实施"恢复广东革命根据地，并占领出海口，取得国际援助，重新举行北伐"的决策，具体战略意图是先占据潮汕和海陆丰，后图广州。起义军入粤的第一站是大埔，在这里进行了有历史意义的系列革命活动。特别是三河坝战役，它在党史、军史上留下了重要的一页。

一、起义军进入大埔前的形势及经过

南昌起义后，中共中央于8月3日发出《关于湘鄂粤赣四省农民秋收暴动大纲》，指出在广东革命军所占的地方，马上夺取乡政权，实行中央土地革命政纲，消灭土豪劣绅和反革命派，军力暂未到的地方即起来响应暴动，夺取乡村政权，如有可能立即夺取县政权。中共广东省委为贯彻中共中央的决议和指示，制订暴动时及暴动后的工作大纲，要求各县市根本铲除封建势力，建立工农独裁民主政府，没收地主的土地财产，武装工农，解除一切反革命武装。

中共大埔各级组织根据中共广东省委《暴动后各县市工作大纲》中关于"潮梅地区要以自己的力量来解决东江，组织工农政府"的精神，再次组织暴动。暴动中，中共大埔地方组织不断壮大，附城、百侯、高陂先后建立中共区委。8月，中共大埔县部委为迎接南昌起义军南下，组建大埔县暴动委员会，继续发动工农暴动策应起义军。

9月上旬，起义军进入福建后，周恩来在闽西汀州再度召开军事会议，对入粤作出了"叶（挺）、贺（龙）部在潮汕、海陆丰建立工农政权"，朱德率领第十一军第二十五师及第九军军官教导团，驻大埔县三河坝，阻击尾追之敌，掩护主力南下的分兵决策。

9月16日，南昌起义军先头部队进入大埔石下坝。18日，主力进入大埔县城（茶阳）。南昌起义军进入大埔后，彭湃、李立三等领导人把宣传八七会议精神，帮助地方发动群众开展武装斗争，协助建立工农革命政权作为己任，及时协助中共大埔县部委成立了大埔县工农革命政府，下辖附城区、高陂区、百侯区、埔西（大麻、三河）区革命政权。大埔县工农革命政府成立后，即抽调人员下乡发动各区暴动，组织区工农革命政府，筹集军粮，组织宣传队、慰劳队、运输队支援起义军。

起义军派出工作队、宣传队深入发动群众，颁布《土地改革纲领》，查封国民党首领家产，处决反革命分子，广泛张贴《告革命同志书》及"打倒蒋介石""打倒土豪劣绅""打倒贪官污吏"等革命标语。彭湃、李立三等还在茶阳养育堂召开党员、团员、农民自卫军、农会会员代表会议，武装大埔革命骨干。

两天后，朱德率第二十五师等部进入三河坝汇城后，就及时贴出安民告示和各种宣传标语。9月25日，朱德还亲自在汇城南门外大沙坝举行的军民联欢会上作演讲，揭露蒋介石、汪精卫叛变革命，屠杀工农的罪行，宣传南昌起义的性质及起义部队的纪律，解释"耕者有其田"的道理，号召群众拿起武器，开展武装斗争。同时，还赠送枪支弹药给当地农军。

二、三河坝战役的经过

朱德率起义军进入三河坝不久，蒋介石嫡系第三十二军（军长钱大钧）之第十八师（副师长苏世安）、第二十师（师长王文翰）和新编第一师等部约两万人，从梅县松口一带进犯三河坝，妄图消灭朱德所率领的留驻部队。朱德等获此情报后，认真观察了有"得此控闽赣，失此失潮汕"之称的三河坝地形，发现汇城位于韩江之西，敌进犯时，将背水作战，对起义军极不利，命令部队移师东岸，占领有利地形，挖掘战壕、构筑工事。此时，钱大钧部先行团抵达三河坝，并占领汇城及北面制高点神坛崀、南门坪与旧寨一带，还分兵设指挥部驻防大麻圩。

10月1日，钱大钧部主力通过水路进抵三河坝后，即进入先行团所据各阵地，并强夺民船20余只，准备东渡韩江。是日入夜时分，钱大钧部主力在猛烈炮火的掩护下，开始渡江。起义军部队3000余人在大埔农军、民众配合下，与敌激战。战斗中，朱德重视做好部队的政治思想工作和战术的具体研究。2日午后，他及时在河滩竹林阵地召开干部会议，要求干部做好政治宣传工作，鼓励官兵牵制住钱大钧部，为主力南下潮汕创造有利条件。战术上，根据钱大钧部必须渡江的特点，充分利用隔江的优越条件，制定"半渡而击"的战术，重创敌人。同时，根据战斗的发展变化，及时与指挥员一起研究应变战术，调整兵力部署。朱德还注意培养和锻炼随军行动的大埔农军第二连。这一系列举动使起义部队紧紧地钳制住了钱大钧部。

3日上午，江上浓雾迷漫，敌军乘着优势兵力，从各个方向对起义军进行强攻。在正面战场，起义军的滩涂阵地，失而复得，得而复失，厮杀激烈。这时，钱大钧正面部队在猛烈炮火掩护下，部分武装渡过了韩江，直逼起义军阵地。侧面，一部从下游约10公里的大麻渡口渡过韩江；另一部从上游恭沙渡口过韩江支流汀江，对朱德部形成三面夹攻之势。国民党第八路军（中路军）桂系第十五军（军长黄绍竑）之第四师（师长黄旭初）、第六师（师长伍廷飏）于9月30日率部自梅县梅南与丰顺马图边界的鳄鱼嶂，占据丰顺县黄金、留隍和大埔高陂等地，切断了第二十五师与主力（揭阳第二十四师、潮州第三师）的联系。

在东文部，敌军渡过汀江，起义军第七十四团顽强阻击，而在大麻方向，敌军从莲塘渡江，向梅子崀进攻，第七十三团在师参谋长游步瀛等带领下，占据有利地形，激烈交火。战斗中，第七十五团第三营营长蔡晴川已经负伤，但仍坚守阵地，与敌火拼。战斗整整打了一天，形势对起义军越来越不利，牺牲越来越多。晚上，朱德与周士第研讨后，作出战略调整，考虑到阻击钱大钧部队，掩护主力部队的目的已经基本完成，为保存有生力量，次第撤退。第七十五团在周士第指挥下，负责掩护撤退，蔡晴川是黄埔军校三期高材生，他率领的全营官兵在掩护过程中，几乎全部牺牲，流尽了最后一滴血。而师参谋长游步瀛则身负重伤，茂芝会议后随部队撤退到福建平和，伤重不治，长眠在这块红色土地上。

朱德等判断掩护的目的已经基本达到，在弹尽身疲的情况下，继续坚守阵地只能做无谓的牺牲。为了保存力量与潮汕主力会合，朱德等及时作出"次第掩护，逐步撤退，东撤饶平"的决策，在敌人还未形成全面包围的情况下，有序撤退，尽量将损失控制到最小。从战略、战术方面考虑，以及以后在井冈山还保存一支红军主力最终的效果来看，此举意义重大。

途经埔东时，朱德又在百侯杨氏小学（现镇中心小学）召开的群众大会上，再三勉励党员和广大群众组织起来，坚持斗争，以暴力推翻国民党右派的统治，并派出战士协助农军捕捉了反动分子温季文。朱德针对一些大埔地方干部要随军而走的情况，语重心长地劝道："你们是当地的革命种子，不能随军离埔。此后，革命工作虽然艰巨，只要同志们有信心、有决心，处处为群众谋利益，胜利是一定属于我们的。相信不久，我们又有相会的机会。"稳定部分干部情绪后，留下黄让三、李井泉、张华丁、李西亭、李友桃等一批军政人才及数十名伤病员，充实大埔革命力量。朱德在百侯杨氏小学住宿一夜后，率部进入饶平茂芝。

抵达茂芝并获悉起义军主力在潮汕失利的消息后，朱德召开骨干会议，在统一思想认识的基础上作出决策："保持革命力量，穿山西进，直奔湘南。"于是，朱德率这支成建制的起义军余部避开强敌，折回大埔茶阳排楼坝等地，沿闽粤赣边游击，至湘南发展革命，智取宜章城，揭开了湘南起义的序幕。1928年4月底，起义军余部上井冈山和毛泽东率领的秋收起义部队会合组成工农革命军第四军。

三、三河坝战役特点

一是政治工作有保证。朱德、周士第领导的这支留守部队，于9月23日进入三河坝，首先在三河汇城村驻扎。这里是韩江和上游汀江的交汇处，水运发达，商业繁荣，往来三河的火船数量不少。起义军很快通过东江特委负责人郭栋材、大埔党组织负责人赖释然、饶龙光等，与大埔农军及当地群众建立了良好的沟通。在短暂的休整中，通过张贴标语、入户宣传等，着力宣传这支部队的革命理想、奋斗目标，让当地群众对这支共产党领导下的部队有了新的认识，人民群众对这支不扰民、不霸市、军纪严明的部队留下了好印象。这也为后来的战斗获得群众的支持以及就地安置伤病员打下了基础。

二是战略意图明确。八一起义军部队是南昌起义时临时组成的部队，来自各地，起义后一路南下，没有得到全面的整编，但三河坝战役的留守部队能够按计划打，有序撤退，得益于全军有明确的战略目的：在此观察从梅县来敌，必要时进行阻击，掩护贺龙、叶挺主力军在潮汕地区建立第一块革命根据地。

三是战术灵活。留守军队并没有在汇城死守，发现在梅江上游松口处有强敌聚集的动向后，除在汇城山上制高点有少数侦察兵注意松口与大麻方向的来敌外，其余主力全部渡江转移至韩江东岸笔枝尾山下及汇东，从背水作战到守滩出击，依靠韩江天险，占据更有利的地形使来敌毫无藏身之处。当我方阵地遭受强攻时，又充分利用俯冲的地形，反复拼抢，确保对阵地的有效控制。当战役更加激烈时，在左右两翼部署兵力，占据有利地形，加强保护和策应。到了战役后期，面临敌军强力冲击，在我方消耗严重时，灵活采取阻击殿后、次第撤退策略。即使在撤退沿途，还在当地群众中进行了革命宣传，并将部分伤员留下培养当地军事力量。农民自卫军第一团分散开赴桃源东瓜坪集中隐蔽整训，由起义军留下的黄让三、李西亭、周绍奇、张华丁担任军事教官，进行步操、投弹、射击以及利用地形等军事知识训练。经过一个月集中整训，成立工农革命军东路第十五团。

四是誓死杀敌。在三河坝战役中，起义军发挥了英勇无畏的革命精神，面临强敌，敢于拼硬。在三天三夜战役中，战士们坚守阵地，阵地丢失后又反复拼抢。2007年，据当地一位九十多岁老者回忆，他们亲眼目睹了起义军在河滩与国民党军肉搏的场景，战役结束后，三河汇城百多口棺木不够用，就地掩埋了不少革命同志。三河坝战役后数日，在韩江下游江中漂浮着数百具战士尸体。在中华人民共和国成立后，修建八一起义军革命烈士纪念碑时，在笔枝尾山发现散布在山间的大量骸骨，后来经收集一并置于碑座中。

八一起义军进入大埔和三河坝进行短期休整和进行革命活动为日后的创建东江、闽西南革命根据地播下火种。

四、三河坝战役的历史地位

三河坝战役是中国共产党建军史上及创建革命根据地初期一场重要战役，朱德与陈毅把起义军保存下来的力量带上了井冈山，为创建工农红军和中央苏区奠定了一定基础。南昌起义军三河坝战役，在党史、军史上具有重要意义，是大革命失败后共产党寻找革命新出路探索过程中的一次军事行动，是土地革命战争时期，党领导工农武装从南昌起义到井冈山会师这段历史中，具有深远历史影响的重大历史事件。

三河坝战役，以3000多人应对2万之敌，体现了建军初期起步之艰，是人民军队在发展过程中的一个缩影。在三河坝战役之后，朱德给这支部队找出了一条正确的道路，并且集结了包括粟裕、周邦采等从潮汕地区撤退的部分起义军将士。保留了八一起义军革命火种，因此影响了中国革命进程。这其中又体现了两个核心思想：一是枪杆子出政权，枪杆子不能丢；二是打得赢就打，打不赢就走。起义军千里转战赣南、湘南、粤北，从游击战中寻找生存和发展的机会。这两点在之后的革命实践中不断被印证正确，并成为毛泽东军事思想重要组成部分。

参加过井冈山早期斗争的谭震林曾指出："三河坝……保存革命力量，后来到井冈山……这功劳不可灭。"当年参加南昌起义的萧克老将军对三河坝战役亦这样评述：没有三河坝战役，便没有井冈山会师，没有井冈山会师，罗霄山脉（井冈山）根据地的建立及其对南方游击战争的影响就不会那么大。中共党史专家、中央党史研究室原副主任石仲泉这样评价三河坝战役："扼守三河坝，掩护主力军；存蓄革命种，共举井冈旗。"

第二节　创建边区革命根据地

三河坝战役的硝烟、战火，使配合战斗的大埔各级党组织、农军得到锻炼。之后，中共大埔各级组织领导民众进一步举行武装暴动，进入创建边区革命根据地的新时期。

一、改组大埔县委，整编工农武装

起义军离开大埔后，国民党武装和地方政府联手对革命力量进行镇压，大埔党组织未被白色恐怖吓倒。1927 年 11 月，中共大埔县部委改组为中共大埔县委，并将农军整编为工农革命军东路第十五团，先后在高陂、银江、昆仑、澄坑、漳溪、百侯、英雅、木教等地组织暴动，在大埔东、西部初步形成了武装割据局面。

1928 年 1 月下旬，广东省委巡视员叶浩秀莅大埔巡视，并带来广东省委的指示信。时中共大埔县委机关遭国民党地方武装的袭击，引起军心波动。1 月底至 2 月初，县委在平原北坑"通德流芳"（屋名）召开扩大会议，饶龙光等30多人参加会议。会议对高陂等地暴动作了总结和自我批评，并根据省委巡视员的意见改选县委领导，贺遵道任书记，张土生任组织部部长，李沙蒂任宣传部部长兼秘书长。会议根据省委对大埔"目前继续发动各区乡暴动；立即建立区、乡苏维埃政府，反攻高陂；做好敌军瓦解工作；加强对工人的领导，吸收工农入党。在斗争中走布尔什维克的道路"的要求和各区党、团组织不够健全的实际，决定扩大宣传，加强基层的组织建设，扩大工农革命军（东路）第十五团。

在县委领导下，先后建立了中共上东、中东、下东、附城、保安（西河）、三河、大麻、百侯、石云区委。1928年夏，国民党反动武装重点"进剿"埔东红色区域。为避敌锋芒，大埔县委机关与李明光、丘宗海率领的工农革命军（东路）第十五团第二营，西渡韩江，进入大埔西部；第一营在李西亭、饶寿田的率领下进入（大）埔永（定）边；黄让三、温仰春、杨鹤松、丘荣泉等留埔东就地坚持斗争。

1928年8月，国民党军徐景唐部一个团、张贞部一个团及饶平县、大埔县的县警大队进入埔东、长乐和双善，第十五团第二营营长黄让三负伤后撤至大陂坑尾被追敌杀害。8月8日，第十五团与百侯民团激战数小时，未能取胜，退到大东樟树檀，把伤员留给温仰春照料后，第一营经大埔县大东大塘头、平和县象湖到永定县下洋的赤树坪、大水坑一带。丘宗海、李明光率第二营经饶平县双善、上饶转大埔县桃源再转到埔西银江，进入梅埔丰边的铜鼓嶂。

在国民党正规军和永定、平和、大埔、饶平四县反动武装的"清剿"下，四县边区武装割据的斗争先后失败。共产党员、革命群众遭受摧残。横溪的张云开、李治生、张佛生，大东的丘带、张逢石在张悟贞民团的"清剿"下，不幸牺牲。张廷初叛变革命，带民团"进剿"古竹，徐家彬遇害。双溪的光裕楼、和村的永和楼以及大埔角、太宁、桃源等的革命群众住房被焚烧，大埔处于白色恐怖之中。革命力量被迫向饶平、平和、丰顺、永定、诏安、南靖等地转移。埔南的钟道生、李昆、罗石检等转至丰顺边，西河的孙纪龙等率赤卫队转入永定边的汶水、赤树坪一带山区，张国荣、丘川搏、温仰春、罗时元转到闽南诏安县官陂，谢卓元、张华云、连半天等转到平和县大溪一带。极少数人如横溪有张百里、丘金兰、张篮维以教书掩护坚持斗争。附城的刘德、黄砂的余世平、太宁的朱宜昌等则与在山间密林游击的孙纪龙等保持联系，在山区隐蔽坚持活动。丘荣泉、罗颂年等转至厦门，经中共福建省委候补书记罗明安排在福建省团委工作。张恨秋及永定的郭慕亮到广州，被派往苏联学习，他们回国后，郭慕亮叛变革命，张恨秋由党中央分配到红四军。

二、中共六大精神的贯彻

1928年6月18日至7月11日，中国共产党第六次全国代表大会在莫斯科召开。大会总结大革命失败以来的经验教训的同时，制定了党在新的历史时期的路线和政策。大埔籍代表罗明、江惠芳（长治人，后叛变）出席了会议，郭寿华是大会工作人员。同年秋末，中共广东省委书记李源到东江巡视，在潮安县桑浦山召开东江特委会议，传达中共六大精神，并指出东江当前的斗争方式必须改变，不能盲目地再搞暴动，不能硬打硬拼，必须善于发动群众，积极领导群众，揭露豪绅地主、反动军官的罪行，组织地下武装，伺机行动。

此时，大埔革命已处低潮时期，县委领导与武装均分散在南北部分山村。11月6日，中共福建省委候补书记罗明由上杭来大埔，部分县、区委成员在大埔双溪日新学校听取了罗明对中共六大精神的传达，明确了中国革命现阶段的性质是资产阶级民主革命，新的高潮还没有到来，党的总路线是争取群众，准备起义，而不是立即举行全国性的起义；必须努力扩大农村革命根据地，发展红军，实行土地革命，建立苏维埃政权。无产阶级在农村的基本力量是贫农，中农是巩固的同盟者。农村的豪绅地主阶级是革命的主要敌人，应无代价地立即没收豪绅地主阶级的土地财产，没收土地，归农民代表会议处理，分配给无地及少地的农民使用。双溪会议上，参会人员还总结前段失败的原因，认为除敌强我弱的因素外，就是暴动时没有一个统一的指挥机关，行动起来，多成孤立的状态，易于被敌人各个击破。相邻四县虽有联系，但没有协调指挥。传达会议后，罗明将留在埔东的温仰春、曹佐腾、黄郁香，平和的陈顺凡、罗育先（枫朗人），饶平的詹亚钱等共同组成一个统一领导机关，并由温仰春在西岩山西竺寺主持召开了饶平、大埔、平和三县武装人员的会议，落实六大精神，宣布成立饶和埔独立支队，詹亚遂任支队长，温仰春任党代表。下设三个大队：第一大队，张月波（张玉波，桃花人）任队长，在饶平活动；第二大队，罗绍环任队长，在大埔活动；第三大队，罗铁先（罗育先）任队长，在平和县长乐一带活动。战略方针仍是分散活动，做好武装斗争的各种准备。会后，温仰春至诏安，动员有关革命人员归队，在官陂带丘春联、张祥、张春台、丘恒志等15人，于饶平的曹碓坑成立中队，丘春联任队长，后回到大埔大东樟树檀山区活动，参加了在澄坑、张胜坝、九村、深圳等地的战斗后编入红军第六军第十六师第四十八团。

三、创建农村边县革命根据地

1928年秋，由埔东转移至埔西南的县委及工农武装领导李明光、丘宗海、罗欣然等已转到大埔、丰顺边山村，开辟铜鼓嶂山区据点。此时，埔东的共产党员温仰春与中共平和县委、饶平县委成员，在大东樟树檀村举行联席会议，成立中共闽粤边临时工作委员会坚持在埔东活动。

大埔党组织在暴动中认识到了与国民党反动派的斗争，立足点应是山区农村。此后，斗争重点逐渐转到国民党力量相当薄弱的农村。驻洲瑞赤水的中共大埔县委领导第十五团第二营，在反击国民党军"围剿"中，先后与五华、丰顺、兴宁、梅县等县党组织与武装，联合组建五县暴动委员会（简称"五县暴委"），后扩大为中共大埔、五华、丰顺、兴宁、梅县、揭阳、潮安七县联合委员会（简称"七县联委"），相互配合开辟梅埔丰割据区域，在斗争中逐渐恢复了埔西红色割据区域，创建了铜山革命根据地。

1929年3月，在埔东活动的大埔党组织与在边境坚持斗争的饶平、平和县党组织和武装，联合建立中共闽粤边特委，开辟饶（平）（平）和（大）埔边区游击区。时值蒋桂军阀混战，朱德、毛泽东率红四军入闽，与闽西相邻的大埔民众深受鼓舞，党的组织迅速恢复和发展，中共大埔县委加强了对埔北、高陂、三河、大麻四个区的领导，建立了22个党支部，党员达349人。另外，中共闽粤边临委扩大为闽粤边特委，并恢复了埔东西岩山一带党的活动，建立了杨鹤松任书记，邹卓仁、温才坤任委员的中共梅河特支。

第三节　红四军出击东江及大埔虎市之战

1929 年 9 月 28 日，中共中央向红四军前委发出指示信（即中央九月来信），10 月 13 日，红四军前委收到中共福建省委转来的指示信。中央指示红四军应在军阀战争开始爆发之际，以全部力量到韩江上游闽粤边游击，发动群众，帮助东江赤色区域扩大，相机收缴敌军枪械，集中东江各赤卫队建立红军。

一、红四军第二纵队虎市之战

1929 年 10 月，以朱德为主帅的红四军执行中共中央的指示，由闽西上杭出发，兵分三路，先后在粤东北（梅州）地区的大埔、蕉岭、梅县、丰顺等地进行一系列的政治、军事行动后，经平远、赣南折返闽西长汀、上杭。史称"红四军出击东江"。

10 月 16 日，红四军第二纵队由纵队长刘安恭、党代表张恨秋率领从福建上杭出发，首战粤东北大埔县北部虎市的国民党驻军。

虎市是大埔北部石上区署所在地，处于汀江东岸，距县城40里，北连永定、上杭，轮船可直达潮汕。驻大埔县城的国民党军陈维远旅，派出其第十五团的一个营及地方民团，配备多挺重机枪和轻机枪，进驻粤闽边境重镇石下坝。

中共埔北区委为配合红四军入埔，发动党、团员三四十人和区委直接领导的民船工会会员七八十人，侦察反动驻军人数装备、山头阵地、交通要道和羊肠小径，绘制详细地形图，由大埔县委代书记张国栋率领人员送交红四军，并为红四军做向导。

10月18日，红四军第二纵队在张恨秋、刘安恭率领下，分三路进攻虎市。正面通街石岗大道（广福亭）由刘安恭亲自指挥，直扑丘姓祖龙山敌阵，其余两路由支队指挥员指挥，从永定县属仙师村进入大埔铁坑伯公坳，迂回敌人驻守的江姓祖龙山阵地，同时又以一个分队兵力侧击丘姓祖龙山之敌，使敌处于腹背被包抄射击范围之中。

19日凌晨3时，红军开始攻击丘、江两姓祖龙山敌机枪阵地，迫使敌人欲逃不得，进退维谷。一小部敌军眼见红军勇猛，占多宝坑村口之高山后，仓惶沿江逃窜，红军追至青溪濂子墩，残敌溃散，红军占据石上、虎市、青溪，俘敌3个连。红军亦付出代价，纵队长刘安恭及指战员20多人在争夺机枪阵地时英勇牺牲。史称"红四军大埔虎市之战"。

红四军占领石上区署后，派出政治宣传队，宣传工农红军的纪律和各种政策，散发东江革命委员会《土地政纲》。张恨秋和埔北区委在石上召开了群众大会，宣传红军法规，石上60多间商店全部照常营业，公买公卖，农会、工会还派代表前往劳军。

虎市之战后，红四军第二纵队与第一、三纵队在松源集结。在听取陈毅从上海带回的中央九月来信指示后，红四军3个纵队23日取道蕉岭，25日进占梅城，26日受陈维远部3个团反攻，退入丰顺马图，31日复攻梅县，11月经武平返闽西，后参加古田会议。

红四军大埔虎市之战，使大埔北部与闽西革命根据地建立了密切的关系，在张鼎丞的指导下，在成立上山下村苏维埃政府的基础上，建立了长北乡苏维埃政府。

二、红四军出击东江的历史影响

在红四军挺进东江期间，在红四军帮助下，东江红军提高了政治素质，武装队伍发展很快，东江军民的斗志受到了极大的鼓舞。在整个东江，从1929年冬至1930年，是革命斗争形势最好的时期。由于地方工农武装的发展，出现了工农武装割据的新局面，东江地区形成广大的苏维埃区域，也较深入地开展土地革命。

红四军出击东江是古田会议前红四军一次重要的实践，为古田会议的胜利召开打下了坚实的实践基础，而古田会议决议是红军纲领性文献，解决了红军近两年来初创阶段的若干重大问题，为东江苏区和红军建设推上一个新台阶。之后，东江在党的领导方面坚持无产阶级思想领导，比较注重在原有党组织的基础上恢复和发展，1930 年党组织数量虽只有 1928 年顶峰时期的四分之一，但根据地建设却出现了前所未有的大好局面。至 1930 年春，东江地区大多数县、区都建立了苏维埃政权，并使革命根据地连成一片。1930 年 5 月，东江第一次工农兵代表大会召开，并组建了红十一军。同时，在苏维埃政权中加强党、团建设，发挥党团组织的核心作用。

第四节　苏区的创建

1928 年初的高陂暴动之后，中共广东省委指示大埔县委，暴动时必须实行土地革命，没收土地和分配土地给农民，建立乡或区苏维埃政府，接收政权，并继续指挥暴动。此后，中共大埔组织不断纠正暴动中忽略革命政权机制、职能建设的倾向，在土地革命战争中，创建了红军两个团及赤总队，实行了边县割据，建立了边区苏维埃政权。

一、埔南区苏维埃的创建与斗争

在 1928 年初召开的平原北坑扩大会议上，省委要求中共大埔县委继续发动各区乡暴动，立即建立区、乡苏维埃政府，反攻高陂；做好敌军瓦解工作；加强对工人的领导，吸收工农入党，在斗争中走布尔什维克的道路。大埔县委结合省委指示精神，从大埔实际出发，决定今后对反动派采取主动进攻，同时选择离城镇较远的乡村开展工作，成立赤卫队，建立据点乡村，重点向南发展的工作方向。县委以工农革命军（东路）第十五团为主力，赤卫队配合组织暴动，摧毁反动民团。提出抗捐、抗税、抗债、不还粮、不征兵的口号，以巩固斗争的成果。

李明光、何德常根据县委向南发展的决定，派邓云光赴岩上水祝，带第十五团第二营回虎坑，帮助训练赤卫队，开展工作。在虎坑成立埔南区苏维埃政府，由黄炎、丘宗海、李明光、邓云光、罗石检、邓赞然等领导。吸收瓷工参加农会、赤卫队。第二营进行短期训练以提高战斗力。1928年2月19日，苏宝珊带领反动武装"进剿"虎坑。反动武装一到虎坑就放火烧毁民房，第十五团第二营和赤卫队对敌人展开猛烈的攻击，击退敌人的"进剿"。县委为巩固双桃的据点，派人到埔北、保安、横溪调来40多支步枪，加强武装力量，对火烧斗（村名）民团发起进攻。时因天雨，大部分火枪失效，蔡宗溪在进攻中牺牲，陈文深负伤，被迫撤到和尚岭。2月25日，钟雨亭、钟叠山勾结高陂驻军及饶平县官田团防，分五路"进剿"虎坑。第十五团第二营跳出重围，渡过韩江，打击洲田（今洲瑞）民团。

洲田民团由刘雅堂、刘德卿带领，购买了大批枪弹，其团丁跋扈，四出骚扰。县委领导贺遵道、张土生等早有除害计划。第十五团转到赤水后，部署古野、北坑赤卫队为东路，下营、陂营赤卫队为中路，赤水、嶂岸赤卫队为西路，各路分别由何德常、李明光、蔡斯平（蔡仕仁）、丘宗海率领，张国栋组织大坑赤卫队于顶岗策应。3月初，何德常率东路军突袭团防，未见敌兵，发现已中敌计，撤退时受民团散兵攻击，赤卫队队员廖某在战斗中牺牲，丘掌负伤被俘，惨死于酷刑。待李明光率部赶到时，败局已成，只好组织掩护东路军撤回赤水。

1929年10月，中共大埔县委入驻高陂，加强对高陂白区及工会的领导，组织轮渡工人、店员举行罢工。1929年冬，发动了丰顺大胜警卫小队年关闹饷斗争。1930年4月，丘宗海组织赤卫队模范队100人，接收来埔起义的丰顺县警队50人，将他们带到丰顺的马图，经第十一军（原称第六军）政治部主任罗欣然主持整训，编入红军第四十六团。

1930年5月，丘宗海、徐履祥、罗石检策动赤水民团起义，民团起义后处决2名民团团总，收缴地主豪绅的枪支，后又在三洲丘姓地主家，缴获长杆左轮手枪2支，每支还配有铅头子弹30余发。计缴获长短枪近100支，起义人员自愿加入队伍的也有近100人，由丘宗海宣布成立大埔县埔南区赤卫队。队伍整编后继续向各村出击，又收缴了一些武器。在纪念八一南昌起义3周年前夕，赤卫队300余人攻打反动势力最强的洲田乡民团。战斗打响后，该民团龟缩在坚固的炮楼里，负隅顽抗，赤卫队围困其一天一夜仍无法攻克，遂撤出战斗。回赤水仁美居成立赤水乡苏维埃政府，蔡石生任主席。接着，陈大畲成立埔南区苏维埃政府，邓蕉衍任主席，吴晓初、丘丽容、徐善垣任委员，后将区苏维埃政府转到竹山设立办事机构。于黄泥塘召开竹山、黄泥塘、白沙塘、青碗窑、蚊子坪、陈大畲、宋公坑等村农会、工会代表会议，成立埔南乡苏维埃政府，安纲任主席。发动群众抗租，打土豪，没收了少数地主的财产，实行土改分田。后因国民党军"进剿"，革命形势逐步转入低潮。

二、埔北区苏维埃的创建与斗争

1928年，闽西革命领导人张鼎丞带领范奉林、郑启民等来到茶阳高乾村发展党员，帮助成立党支部，开展土地革命。埔北区委书记谢快能等与中共大埔县委失去联系后，接受中共永定县委负责人张鼎丞的领导。在长教、太宁恢复谢觉凡、谢汝来等十多人的组织关系，发展饶天生、余升光、李政初、丘辉如、邹卓仁、丘乃鸿等人入党，建立党支部，谢快能任书记。后永定县委派郑醒亚来埔，建立中共太宁特别支部，谢快能任书记，江弼群、郑醒亚任宣传委员。党的组织在太宁、新村、长教、青溪、坪沙、党坪逐步恢复起来。

1929年2月5日，长窑农民没收国民党广东省财政厅厅长邹敏初在长治的家财，消灭集福寺乡团，俘敌十多人，缴获步枪13支，左轮手枪1支。在上高乾成立埔北区苏维埃政府，主席邓乃初，秘书吴景扬，江铁桥负责财政工作。3月，在党坪江家祠成立长中乡苏维埃政府，主席李正初，文书吴大俞，财粮丘辉如。长北乡苏维埃政府在高乾改选，刘尚贤任主席，文书赖珍昌，财粮严秉杰；太宁成立长富乡苏维埃政府，主席江德汉。3月19日，钟崔贞民团"进剿"高乾，长北乡苏维埃政府主席刘尚贤牺牲，严秉翟接任。在区委领导下，在埔北党坪上村改选埔北区苏维埃政府，谢觉凡任主席，刘文（刘之）任秘书，委员有邹卓仁、刘熊杰（刘荣杰）、李政初，妇委赖志清。

1929年10月，红四军进攻虎头沙、石下坝时，石上、附城一带反动分子纷纷逃往潮汕。埔北区委委员钟桂香、谢快能、江弼群等发动青溪、长治、附城、上山片赤卫队参加战斗，妇女会、农会组织担架队、救护队、运输队进入虎头沙、多宝坑一带做好后勤救护工作。这段时间先后建立和恢复了管理太宁、觉连塘的长东（太宁）乡苏维埃政府，曹存芳任主席；新村乡苏维埃政府，谢汝来任主席。石田、茅坪成立石茅（长富）乡苏维埃政府，张庆说任主席，曾永灿任副主席。高乾、蕉叶坪、甜竹、上山（丰溪）改选长北乡苏维埃政府，严秉翟任主席。严背畲、党坪、华祝（麻竹寨）、铁坑、仁厚、仁爱、湖塘选举长中乡苏维埃政府领导，李政初、丘辉如任正、副主席。青溪乡苏维埃政府主席为赖珍昌。各乡苏维埃政府代表会议1929年冬于严背畲召开，成立埔北区苏维埃政府，谢卓元任主席。

1930年初，在高乾召开各乡苏维埃政府会议，改选区苏维埃政府领导，邹衍中任主席，委员有曾玉堂、严秉灿、邓宝生、严秉藏、张月英，开展土地革命斗争。长北乡苏维埃政府实行了按人平分土地的没收分配工作。其他乡苏维埃政府在宣传发动，核实人口、土地面积后，转为抗租斗争。西河小调河、上下汶水、湖崇寨在孙继龙等人的领导下，成立汶水乡苏维埃政府，黄文秀任主席。溪头、高侨头成立调河乡苏维埃政府，黄武庚任主席。

1930年4月14日，在张国荣带领的红军第四十八团部分队伍及大东、汶水、横溪、溪上等地的赤卫队配合下，进入大埔攻打岩上乌丘坝张悟真的反动治安会机关，摧毁了黄麻凹的反动治安会，烧毁了张悟真的房屋1座，击毙团丁李焕礼，捕捉了土豪张枚史，随后又处决了土霸张逢月父子。张国荣带武装队伍和西河赤卫大队到横溪，积极筹备军粮。群众热烈欢迎红军的到来，并要求成立乡苏维埃政府，进行土改分田。因敌人"进剿"，筹备中的横溪乡苏维埃政府未能组成。

三、埔西区苏维埃的创建与斗争

红四军向粤东发展，给东江西北各县人民很大鼓舞。1929年12月，大埔县委按东江特委常委颜汉章巡视各县时的部署，以大麻为中心，加紧赤卫队的游击斗争，完成赤色割据，与梅县丙村、西阳连成一片。12月12日在明山嶂银江与三乡间的关肚里召开丰五、西阳、大麻区联席会议，成立铜山区革命委员会（散发的传单称梅埔丰革命委员会），大埔西部的大麻区、丰顺的第五区及梅县的第三区（明山）、第四区（西阳）的农民、学校师生参加了庆祝成立大会。大会会场上以数丈高的麻竹悬挂苏维埃红旗及高灯，邻近山村都可隔山遥望。大会由黄炎主持，宣布铜山区革命政府成立，叶雨京任主席，郑才文、黄拱辰任副主席。4个区的学校师生还为庆祝大会组织文艺晚会，演出白话剧，宣传东江革命委员会的《土地政纲》。

在铜山区革命委员会指导下，大埔境内纷纷建立乡苏维埃政权，没收分配地主阶级的土地。埔西的东瓜坪、丹竹窠、军营里、大口溜、黄豆坊、桂田、营子里、砾头、李子坪等地成立铜南乡苏维埃政府，叶雨京任主席。银江的下冠山、直坑尾、老芦下、大窠里、田子里、南坊、黎树坪、南树窠、尤草塘等成立尖山乡（青田乡）苏维埃政府，余纪文任主席。岸洋、嶂背、嶂岸等村成立嶂岸乡苏维埃，赖庄陶任主席。葛藤坪、上坪、西洋坑、龙岗坪、彭公坑、豆甲坑一带成立葛坪乡苏维埃政府，黄朋生任主席。大埔银江的胜坑、船子坜、炉长凹、塘子岗及梅县的明山成立明山乡苏维埃政府，刘丙任主席。各乡苏维埃政府内组织成立了赤卫队、妇女会、儿童团等群众团体，进行了土地分配，船子坜、尖山分田顺利，农民得益一年。

在苏区建设进程中，与国民党军及地主民团进行了多次的战斗。1930年1月10日，四区联队拂晓攻击胜坑民团，赤卫队占据周围高地，紧紧包围胜坑团防，郭习贤等少先队员进入团防驻地时，2个守哨士兵在门口细声谈话："时间不早了，起火煮饭。"便留下一个人在门口守哨，这时少先队员见良机已到，奋勇向前，把敌人与枪支抱住，鸣枪呼喊"冲！"其他士兵惊慌失措，乱作一团。少先队员冲入敌人卧室，击毙顽固反抗的敌班长，杀死暗藏的反动分子黄章，宣传缴枪不杀的政策，30多个敌人全部投降，缴获长枪 10 支，驳壳枪 2 支。13 日上午，四区联队和赤卫队高举红旗，浩浩荡荡来到梅埔丰交界的凹头村。

第三天，反动分子余品三带驻葛藤坪的廖奋卿、郭菊园等团兵 200 多人，大举进攻铜山苏区，在凹头、黄竹头、圳上等地大肆烧杀。被烧毁十多间房屋，群众财物及猪牛鸡鸭被抢掠一空。苏区军民在丰五区赤卫队 300 多人支援下，于铜鼓嶂和明山嶂交界的龙颈凹与敌展开激烈战斗，歼敌 50 多人，缴获电话机 1 部，步枪 32 支，抓嘴 2 支，驳壳枪 3 支，大获全胜。接着赤卫队又于 16 日进攻葛藤坪，19 日进攻西阳，均有收获。1 月 28 日，四区联队再次出击银江廖奋卿民团，缴获步枪 20 多支，就地处决张景家、黄云轩、房基湖等 12 名土豪。

龙颈凹（龙市），是梅县与埔南高陂的重要交通隘口，市内商店百余家，为铜山区经济、军事中心。红军及赤卫队多次出击银江警察所、民团，打击反动势力，阻击了敌人的"清剿"。

四、埔东区苏维埃的创建与斗争

1929 年冬，红军第四十八团组建后，出击双溪、木教、大塘头、黄沙坝、王兰、大埔角等反动据点，连战皆捷。继而挥师北进，在饶平、平和、大埔三县赤卫队的密切配合下，三次攻打象湖山，拔除闽粤边最大的白色据点，打通了东江革命根据地通往闽西中央苏区的交通要道。回师又攻打平和的坪回、大芦溪、三来洲、李家畲，直捣诏安县的官陂，破下葛圩盐仓，将几百担食盐分给当地群众。翌日又攻打诏安反动据点隔背大楼。四十八团征战闽粤边，得到赤色乡村人民的大力支援。饶平双善和大埔和村等乡村均组织运输队、担架队、宣传队、救护队随军出征，配合作战。仅3个多月时间，共拔除白色据点20多处。惩办地主民团头子30多名，俘敌80多人，缴获长短枪160多支和大批物资。缴获的枪支大部分装备了赤卫队，壮大地方武装力量，使饶、和、埔的红色区域迅速发展。

1930年2月，平和县国民党刘和鼎部保安团1个营600多人，偷袭四十八团驻地和村。红军和赤卫队300多人闻讯登上屋背山山头阻击，打死打伤刘部40多人，逼使保安团乘夜雾撤退。至4月，革命形势日益发展，四十八团用收缴的一批武器装备了平和县独立营。饶、和、埔三县边境革命武装有红军、独立营和赤卫联队共达1000多人。

5月，四十八团与平和独立营远征闽西，取得了与中央苏区和闽西红十二军的联系。不久，国民党军刘志达部1000多人"进剿"平和赤色乡村，妄图切断东江通往中央苏区的要道。四十八团配合红十二军于平和秀芦乡击溃刘志达部的进犯，俘40多人，缴获枪支130支。

1930年8月后，闽西红十二军又三次攻打潮汕，辗转于埔东、埔南，至高陂受阻又回闽西。闽西红军及四十八团转战大埔、平和，促进了埔东苏区各项工作的发展，先后建立大东西坑、古村、坪山、白土、箭管、大水山、和村（罗村）、木教、双东、雷公坑、岗头南坪、王兰、广德、枫朗、福员畲等乡苏维埃政府，并在王兰的陶金坑成立了埔东区苏维埃政府，张福员、刘弄章先后任主席，委员有：黄娘命、曹左廷、梁环、刘念根、李娘恩、黄群福。埔东区苏维埃政府后迁木教、和村等地，领导群众开展土地革命的斗争。恽代英以中央代表身份巡视东江、闽西时，给大埔各区的苏维埃政府以较高的评价，在他的巡视报告中说："东江、大埔一带的地主豪绅已经气馁，不敢得罪苏维埃来往的人员。"

第五节　红色区域内的各项建设

　　1930年1月1日，在全县掀起革命高潮的情况下，成立了大埔县革命委员会，成员由张国栋、丘宗海、钟道生、黄拱辰、余勇文、谢卓元、赖谷泉、黄朋生、邹国平、丘月容、邹玉华组成。大埔县革命委员会发布公告，宣传中国共产党的"十大纲领"，领导大埔群众以武装暴动消灭一切反动势力。3月，大埔县革命委员会改组，由谢卓元任主席，连铁汉、徐履祥任副主席，郭达元、黄拱辰、丘月容、丘宗海、钟道生、赖谷泉为委员，加强了对指挥暴动和建设苏维埃政权的领导。

一、武装建设

　　中共大埔县委在第一次组织暴动时，就设军事委员会，郭栋材、饶龙光先后任主席。军委以下建立农民自卫军独立第一团。1928年冬，建立工农革命军东路第十五团，由2个连扩大为2个营，全团300多人。通过武装暴动，打击了高陂、百侯、银江、枫朗等地的警察所、民团等国民党武装，保护了农会的减租减息、抗租抗息的斗争成果，实现了武装割据。

暴动失利后，第十五团第一营北上永定，参加永定暴动后，融入闽西永定的党组织与武装中。而第二营，在李明光、丘宗海、郭俊楼的领导下，保存了六七十人的有生力量，后转到银江的铜鼓嶂。进入埔丰边后，十五团第二营改称为第十六团，李明光任团长，丘宗海为政治委员，在铜鼓嶂山村开展游击活动。在革命低潮时期，大埔东部的革命武装与饶平、平和的革命武装采取联合斗争的方式，组织饶和埔独立支队，各县组成武装大队。大埔的游击大队为第二大队，罗绍环、罗学琴分别任队长和指导员。西河、岩上组织铁血团中队，实行分散打击地方反动分子的方针。

1929年夏，红四军入闽，准备向东江进发，在大埔西部梅埔丰边区，由李明光、丘宗海领导的工农革命军东路第十六团扩编为东江红军第四十六团。在大埔东部活动的大埔游击大队与农军骨干，饶平、平和县的武装，起义的国民党军蒋光鼐一部编为东江红军第四十八团。

6月，中共东江特委代表大会确定党的总任务为，争取广大群众，准备武装暴动，建立东江主力红军，将五县暴委所属的五华、丰顺、兴宁、梅县和大埔的工农革命军和农民武装编为东江红军第四十六团，团长李明光、政治委员丘宗海、参谋长杨崇哲。主力是李明光、丘宗海领导的工农革命军东路十六团的七八十名武装。至10月9日，第四十六团兵力发展到159人。后来红四军进东江时留下的120人，长枪100支，机枪2挺，迫击炮1门编入红军第四十六团后成立团部。为扩大影响,红军第四十六团散发了《反对军阀战争宣言》,出版《工农兵出路》。并根据第三次东江特委常委扩大会议提出的东江红军近期内扩充到2200人,其中第四十六团扩充到1200人,扩充计划:丰顺为第二营第五连,兴宁为第二营第六、七连,五华为第八连,梅县组织第三营第九连,蕉岭组织第十连,大埔组织第十二连,平远组织第十一连,营部暂不成立的精神。11月,中共大埔县委抽调了赤卫队骨干,其中高陂区60名,大麻区30名,三河区30名,埔北区60多名,集中于埔北严背畲整训后,设立连部,编为红军第六军第十六师第四十六团第三营第十二连,全连180人,长枪百余支,驳壳枪10支,张国栋兼连长(张国栋12月牺牲后,连德胜接任),埔北区委书记谢快能任政委。大埔埔西、梅县三区、四区及丰顺五区4个区赤卫联队100多人枪,亦于12月下旬编入第四十六团第三营。

7月中下旬,闽粤赣三省之敌"汇剿"闽西时,蒋光鼐的第八旅戴戟部第十五团以上杭、永定为进攻目标。驻汕头的戴戟部教导团派遣第三营进驻饶城,该营第十三连部分士兵,是原八一南昌起义军在潮汕失败时被收编,经常受到长官的苦打虐待,萌发了投诚红军的思想。7月31日,到饶城后,获悉朱德、毛泽东率红四军从赣南进击闽西,节节胜利,有向东江推进之势,他们开始暗中串连。8月27日夜,乘连长到汕头开会、全连士兵熟睡之机,在排长杨福华、副排长赖华山等率领下,士兵们枪杀了副连长和2名排长,高喊"土匪来了",率80多名士兵佯作追击"土匪"，准备北上闽西投靠红军。他们到上饶上善后，找不到可联系的群众，在山里游转了一天。攻打深峻地主民团后，饶和埔军联委派詹瑞兰、连半天与其接洽，军联委发动群众，做好热情接待，并将他们带到岩下村隐蔽休息，然后饶和埔军联委负责人罗时元带他们到诏安龙伞嶂进行休整，成立了红军独立连，由杨福华、赖华山任正副连长。

该连起义时有 80 多人，但抵上饶后，自动离队 10 人，实存 70 多人，带有粤造七九步枪 68 支，俄式手榴弹 35 枚，每人有子弹 100 多发。驻平和县城的国民党张贞部独立营部分士兵哗变，由 1 名排长带 9 名士兵起义，也带到龙伞嶂编入该连，全连共有 80 多人，是当时武器装备比较精良的一支队伍。东江特委派李光宗前往官陂，向饶和埔军联委负责人罗时元（大埔人，东江军委委员）传达东江特委的策略和成立红军第六军第十六师第四十八团第一营的指示。将起义人员和饶平的赤卫队干部编入第四十八团第一营第一连，由宋运臣、杨福华、赖华山任正副连长，宋运臣负责军事，又从各乡赤卫队抽调部分武装骨干组建第二连，指定连长、班长。

由于第一连中不少人在旧军队里染上了流寇思想和不良的生活习惯，李光宗同罗时元研究后，采取几个步骤对他们进行改造：第一，通过联席会从各乡赤卫队中抽调 10 名斗争经验丰富的中共党员编入队伍，设营委，在营委领导下建立党支部，并在官兵中考察培养一些表现较好、觉悟较高的士兵加入中国共产党。先后吸收 9 名新党员，共 13 名党员分两个小组为连队领导核心。第二，建立民主制度。成立营、连二级士兵委员会，民主选举营兵委执委5人、书记1人、连兵委执委3人、书记1人；提倡官兵互教互学的民主作风。第三，健全学习和训练制度。采取由浅入深、循序渐进的方式，使之明确共产党领导下的工农红军，是工农劳苦大众的队伍，官长和士兵都是为工农劳苦大众服务的，是为劳苦大众求解放的。此外，还利用中午教唱《国际歌》和《红军纪律歌》，利用早晚集队点名呼革命口号，以焕发士兵革命精神。通过艰苦细致工作，部队出现了学习训练的热潮和大唱革命歌曲的气氛。比如革命山歌《红军纪律最严明》：

红军纪律最严明，今日出发好为民。

上门板、捆稻草，房子扫干净。

大声不打人，小声不骂人。

三大纪律，六项注意，大家要牢记。

红军四十八团经过教育和训练，建立团部，加强了党的领导，由温仰春任政治委员、罗时元任团长、李光宗任党代表。初步建成一支有组织、守纪律、有觉悟、有战斗力的工农红军。

第四十八团首先出击饶平的深峻乡地主民团，一举歼灭民团11人，收缴步枪12支，打通饶平双善与平和长乐赤色乡村的联络通道。接着，横扫上饶的陈坑、洞土、大埔背、石井老大楼等白色据点，收缴民团步枪40多支，使上饶区赤色乡村连成一片。东江特委扩军要求红军四十八团扩充到300多人，计划在大埔、饶平组建第一营，在澄海组建第二营，潮安组建第三营。

1929年11月1日，大埔埔东赤卫大队，西河、岩上的铁血团配合第一营出击大埔木教乡，在上村赤卫队的配合下包围中村、下村的民团及警卫队，击毙民团黄玉钊等21人。石云、百侯、湖寮警卫队闻报驰救，第四十八团第一营撤回下善。11月6日，第四十八团第一营、铁血团、赤卫队计六七百人由和村向双溪进攻，于双溪梅子坪与县警队，百侯、枫朗民团900人激战，伤亡30多人。红军撤回和村，在平和独立营的增援下，向大东警卫队发动攻击，歼敌一部。后撤回双善，大埔埔东赤卫队罗绍环、罗学琴、丘川博等及西河、横溪铁血团正式编入红军四十八团第二连，罗绍环任第二连连长。此时，第四十八团实是2个连计140多人。11月15日，第四十八团击溃大塘头警卫队，缴获步枪9支，扫除了闽粤边的反动据点。为消灭埔东反动团防，又出击大东福田安民团，缴获步枪10支，恢复了双溪、大东、枫朗的黄砂、王兰等赤色区域。接着为扫除闽粤边的交通障碍，第四十八团与平和独立营第三次进攻平和象湖民团，击毙团总魏瑞麟、团丁李亚桐、税棍李智茂，俘敌20多人，缴获步枪18支和一批子弹，清除了闽粤边的反动据点，打通了闽西与东江的交通联络，并把平和独立营的部分干部和战士编入四十八团第三连，罗育才（罗铁先）任连长，全团发展到300多人枪，成为饶平、大埔、平和、永定边的主力红军。

1930年7月，团政治委员李光宗在饶平横岭的战斗中牺牲。8月，中共东江特委调巡视员李明光任团政治委员，团长仍由罗时元担任。不久，该团北上闽西，由于"左"倾冒险路线指导下进行军事行动与内部"肃反"扩大化，该团仅剩下100多人，后被编入中央红军第十二军三十四师一〇〇团，长征时大部分牺牲在湘江战役。

此外，中共大埔县委将地方赤卫队组织系统化，扩大武装，将原疏散埋藏的枪支取出加强装备。制定《农民赤卫队组织章程》，规定苏维埃区域内18岁至40岁的男女，均参加赤卫队。赤卫队成员由各区乡精选，平时用自己的木枪勤学苦练，每打一个地方时，一下通令，所有18岁以上的人集中起来，以斧头镰刀的红旗为标志，武器是刀、棍、鸟枪、土炮，只有少数是步枪，勇敢地和敌人拼杀。成立县赤卫总队，之下设埔南区联队、埔北区联队、埔东区联队、埔西区联队。县赤卫总队队长邓云光、政治委员房运明（房富林）、教官邓雨金。赤卫总队内建立直属模范队，各区设联队，或区赤卫模范队。与永定相邻的西河、岩上、青溪也组织了农民武装铁血团。

这一时期，大埔县红色区域内形成正规红军、县赤卫总队、区联队、乡赤卫队的成体系的武装力量。这些武装力量以游击战术配合红军行动，打击民团、警察所，甚至联防军。埔北的武装参加了饶平县的深圳（村庄名）、陈东、饶城、横岭，平和县的象湖、五坎，永定的中坑、湖坑、陈东坑等战斗。埔西银江组织建立了郭习贤、何木发等十多人组成的少年冲锋队，参加出击胜坑民团战斗，全歼胜坑民团后，还参加攻打梅县丙村、大埔龙市的战斗，为巩固发展苏区作出了贡献。

大埔地方武装赤卫队，还为红军扩编准备了后备力量。原工农革命军第十五、十六团改编为红军后，扩红中，县委又从赤卫队中抽调人员，建立红军第四十六团第十二连（史称大埔独立连）活动于大埔县。后扩建为独立营，连德胜任营长。第四十六团调大南山，第四十八团北上闽西编入红军十二军（后改番号为二十军）。

此后，独立营、区联队为大埔革命武装的主力，参战人员达1000多人，先后有494人献出了生命，为大埔苏区的创建、巩固、扩大作出极大的贡献。

二、群团组织的建设

苏维埃政府成立前后，革命群众团体也不断壮大和发展。1928年下半年，共青团大埔县委改为特别支部，徐家诗任书记。1929年3月，成立共青团大埔县委，由房明光任书记，余勇文、叶志刚、涂锐添、肖月华、涂桂兰等为委员。1930年7月改选，廖顺光任书记，肖月华、涂锐添、苏必达、张璇等为委员。同时，相应地成立了团区委，团县委和县委机关常驻在同一处，协助县委开展群众工作，特别是宣传、报刊发行等。

此外，大埔县委重视妇女工作，设立县妇女委员会，丘月容、张华云、丘丽容、李坚贞先后为县妇委领导。各区乡苏维埃政府内均设妇女委员。埔北区苏维埃政府的张月英，埔南区苏维埃政府的张趋、梁剑英，埔西区苏维埃政府的余美娘、张满娣，埔东区苏维埃政府的梁环、张聪等均为区委妇女委员，妇女们在发动参军参战，救死扶伤等工作中，发挥了半边天作用。

工会组织有店员、篷船 2 个组织，200 多名会员。少年共产国际组织也在乡村发展起来，百侯的杨永松还当选为闽西儿童总团候补委员。反帝大同盟也在大埔建立，埔北的严秉沛当选为闽西反帝大同盟青年部委员。

三、经济和文化建设

为适应战争形势的需要，大埔红色区域内创建了军需工厂，在和村尖山设立工厂，进行子弹翻新，修造枪械等。青碗窑、陈大畲瓷厂工人研制瓷瓶手榴弹。在大东山背设立救护伤员医院，不少青年妇女参加了医务工作。苏维埃政府在分田地的基础上，开展生产竞赛，为军烈属代耕、兴修水利、组织交通运输等。为冲破敌人的经济封锁，在大东把大禾坪的个体小商店扩大，投资设立消费合作社，到白区采购物资。在西河漳溪设供销站，采购食盐、煤油、电池等供给苏区人民和部队。

大埔苏区内还实行平民教育，创办夜校，生产劳动者免费入学。教师由乡苏维埃政府聘任并支付学校经费。县委还创办机关报《时代》。青年团组织文艺宣传队，演出《"二七"血案》《旧家庭》《乱剪发》等话剧。张华云与永定的阮山合作创作山歌，既活跃了苏区的文化生活，又鼓舞了人们的斗志。

苏维埃政府实行严格的经济管理，设财粮委员管理苏区经济及粮食、打土豪没收的物资等。乡苏维埃政府每月做出财政预算及结算报告上级，严格控制开支，来往人员按伙食规定标准结算。在大埔苏区内流通使用闽西工农银行货币（县博物馆仍陈列当时的软币和硬币），苏维埃区域内部队官兵、群众可交换使用。

四、开展土地革命

大埔的土地革命是执行东江革命委员会《土地政纲》的同时参照闽西的办法实施。1929年冬，饶和埔联会在饶平上饶地区成立分田委员会，进行没收分配土地的准备。在饶和埔联席会议常设机关的李坚贞、黄炎等人指导下，埔东区委、区苏维埃政府派肖月华、邹卓仁、温才坤、梁文暂等人参加上饶双善石井的分田试点工作。

1930年春，在区委、区苏维埃政府的领导下，埔东开展没收地主豪绅、封建祖尝、庙产的土地，分配给无地及少地的农民的试点工作。根据《关于土地问题的决议案》规定的分田方法，按抽多补少的原则，抽出之田以肥瘦均匀为度。因此，大埔的分田原则兼有东江、闽西优点。主要是以乡为单位，按人分田，原耕为基础，抽多补少，抽肥补瘦，抽远补近，按人平分。土地国有，分给农民使用。分田由乡苏维埃土地委员会负责，上级派人指导。

大埔的土地改革分田从大东的西坑村开始搞试点。早在 1928 年中共平和县委受"围剿"转移到张坑、白土西坑一带时，平和县委的朱积垒、杨文元等就吸收西坑的丘映职等人入党，建立了党的支部。1930 年 1 月，闽西特委派邓子恢来到此地组织乡苏维埃政府。中共饶和埔联会派温仰春主持该乡分田工作。西坑分田后，在埔东的白土、箭滩、和村、双溪、雷公坑、古村、坪山、岗头等乡苏维埃政府及埔北的长北（今丰溪林场）乡苏维埃政府，银江的明山乡（胜坑）苏维埃政府，都依上述原则分了田。埔东的王兰、双东、广德、木教等乡，埔西银江的铜南等乡及埔北的西河汶水、调河等乡苏维埃政府在分田过程中遭敌人"进剿"，未完成分田工作。埔北青溪、长中、长东、长富乡苏维埃政府，宣传发动分田后，上级通知，为保卫中央交通线，转入"不打红旗，不搞赤白对立"的斗争活动阶段。埔东坪山乡苏维埃政府在分田中，因田多人少，按原耕分配。

分田步骤：第一步，调查核实全乡土地面积、统计人口，烧毁田契、债据；第二步，丈量插签，标明自耕田、应没收的田、原耕户主；第三步，按人口分田造册，张榜公布新分户人口、土地面积、耕地位置，土地上插上新分户姓名，三榜定案；第四步，颁发分田证。分田结果：西坑乡每人分得一亩一分；白土乡每人约一亩地。白土、平山、双溪高寮等乡，分田后收割了两造，银江胜坑收割了一造，埔北长北上山片收割了三造。革命转入低潮时，地主要追收分田时的租谷，大家起来斗争，最后地主不敢追补上年租谷。烧毁田契的则补写契约，利息同样不敢补收。

通过分田，调动了农民的革命热情和生产积极性，出现了代耕、帮耕的新局面。如白土乡丘永接一亩多田，由丘林祠代耕，所得谷物平分。

第六节　大埔苏区全面形成

1930 年夏，大埔县红色区域内通过各项建设，与东江革命根据地一起进入全盛时期。红色区域内，进入由工农兵代表大会选举产生苏维埃政府，制定工农当家作主的法律、措施，建立苏区县的新时期。

一、参加东江苏维埃代表大会

1930 年初，大埔红色区域内通过工农兵代表民主选举，选出15 名代表出席是年 5 月在丰顺八乡山举行的东江苏维埃代表大会。东江苏维埃代表大会通过了推翻帝国主义的统治、没收地主阶级的土地分配给无地或少地的农民等内容的政治政纲和《土地法令》《劳动法令》《妇女法令》等。东江苏维埃代表大会选举产生了东江苏维埃政府，45 名苏维埃政府执委中，有大埔代表罗欣然、黄炎、李明光、钟道生、丘月容等，候补执委中有大埔代表房敏钢（房明光）。

二、成立大埔县苏维埃政府

东江苏维埃代表大会结束后，中共大埔县委、县革委委员于大埔南部的青碗窑召开苏维埃代表大会，选举产生了大埔县苏维埃政府。政府组成人员有谢卓元、连铁汉、徐履祥、黄拱辰、丘宗海、丘镜群（丘曼英）、李德乔（李火宽）、刘振群、房运明等，谢卓元任主席，连铁汉、徐履祥任副主席。会议通过了实行《土地政纲》、加强赤卫武装建设、扩大苏维埃区域和开展白区的工人运动的决议。

大埔县苏维埃政府成立后，先后在王兰、木教、和村设立县苏维埃办事机构，指导区、乡苏维埃政府工作。区、乡苏维埃政府大部分有健全的机构，设"肃反"、裁判、土地、财粮、交通、妇女、赤卫、秘书等委员分管工作。如王兰乡苏维埃政府，有主席连其昌，秘书张娘，土地委员连德丧，赤卫委员王兆强，"肃反"委员王家营，裁判委员连娘善等。长北乡苏维埃政府设常委，常委三日一会，执委十日一会，群众大会一月一次，妇女会每月一次，会议内容是研究乡苏维埃政府的自身建设、土地、山林、财务及"肃反"等问题。此时，大埔县已经是完整的苏区县，隶属于东江革命根据地。县苏维埃政府之下，分为埔北、高陂、大麻、三河、石云5个区，各区合计有30多个乡苏维埃政府。苏区人口达15.5万多人，占当时全县人口的一半，区域面积则占一半以上。

第七节　大埔苏区融入中央苏区

1931年1月，中共苏区中央局在江西宁都小布成立。大埔红色区域逐渐成为中央苏区的管辖区域，为中央苏区的巩固、发展及反"围剿"战争作出了贡献。

一、大埔成为中央苏区范围的起因

1930年夏秋间，在李立三"左"倾冒险主义的错误指导下，中共东江特委为便于指挥东江红军夺取汕头、潮州、惠州等大的城市，把特委、东江苏维埃政府、军委机关等从粤东北的八乡山迁往靠近汕头的潮阳县大南山区。广东国民党军加强对粤东北各根据地"围剿"的同时，对东江南、北进行分割与封锁。在国民党军的"围剿"、封锁中，大埔红色区域与闽西的联系逐渐紧密，归闽西管辖。大埔红军编入红十二军，分配到江西参观学习的名额，红色区域分为两部分。韩江、汀江以东的大埔东部、北部、南部，与永定、饶平、平和等县的革命武装相互配合；韩江、汀江以西的大麻、三河、银江、洲瑞等地，与梅县、丰顺的革命武装相互配合，共同保卫红色区域。

1930年9月，党的六届三中全会结束李立三"左"倾冒险主义的错误领导后，决定创建苏区中央局，并决定闽西、东江两特委合组为闽粤赣边特委，创建闽粤赣特别区。

二、大埔苏区一分为二

1930年10月底至11月初，中共中央派邓发和中共广东省委常委、组织部部长李富春到东江革命根据地中心区大南山大坝村召开中共闽粤赣边区第一次党代表大会，成立以邓发为书记的中共闽粤赣边特委，原东江设西北（粤东北）、西南等分委。由于国民党军的封锁，闽西代表无法来大南山大坝村参加会议，会后方方、李明光、萧向荣等随邓发北上闽西，并在闽西继续进行闽粤赣边区第一次党代表大会，传达中共六届三中全会的决议和党中央关于成立中共闽粤赣边区特委的指示，讨论闽粤赣边区的军事、政治形势，确定"巩固闽西苏区，与东江苏区打成一片"的战略方针。成立以邓发、萧劲光为主要领导的中共闽粤赣边军事委员会和红军闽粤赣边司令部。粤东北各县党组织隶属闽粤赣边特委之下的中共西北分委。为创建闽粤赣根据地，粤东北各县以国民党统治力量较为薄弱的边界为基点，创建边县根据地。大埔境内，韩江及汀江以西的红色区域与相邻的梅县、丰顺红色区域为梅埔丰根据地。韩江、汀江以东的大埔东部、北部、南部红色区域与相邻的饶平、平和红色区域为饶和埔（诏）根据地。在中共闽粤赣边特委西北（粤东北）分委的领导下，开展斗争的同时，不断完善根据地内的各项建设。

（一）饶和埔根据地的完善

1930 年 11 月，东江西北分委联会的黄炎和饶和埔联会的李坚真，在和村召开三县苏维埃政府负责人联席会议（平和县未到），传达闽粤赣边特委的决定，成立饶和埔县革命委员会，谢卓元任主席。其主要任务是，将三县相邻的红色区域划为 11 个区，成立饶和埔县。筹备县工农兵代表大会，依照选举原则，自下而上选出区级政权和县级代表。11 个区需选 300 名县工农兵代表大会代表。不久，因县委书记丘宗海当选为闽粤赣边区苏维埃政府筹委，谢卓元任县委代书记，饶和埔县革命委员会主席由刘振群担任。大埔境内的埔北，即青溪、长治、丰溪、西河、岩上等地为第八区。埔东的大产（今称大东）、双溪、枫朗、百侯等地为第九区，埔南的平原、光德、桃源、高陂及饶平九村、丰顺潭江等地为第十区。将第十区与饶平第三区中的瓷区分离出来，成立第十一区苏维埃政府。

饶和埔根据地内的第八区（埔北）内，选举曾玉棠任区苏维埃政府主席，江铁桥、邓翠雄、吴大俞、赖集墩、吴梅芳任委员；第九区（埔东）内，选举刘振群任区苏维埃主席（兼），刘文、丘水性、李德生、李信群、连早、张江任委员；第十区（埔南）内，保留原区（即原埔南区）苏维埃政府的领导成员，苏维埃政府主席邓蕉衍，政府成员邓蕉衍、吴晓初、徐善恒、邱丽荣。第十一区苏维埃政府，由黄文霞任主席，张文法、张文炳、黄法网、张尧阶、张娘占为委员。大埔红色区域很快完善为苏区。

1931 年 2 月 7 日，饶和埔县工农兵代表大会在大东泮村丘氏宗祠召开。大会讨论通过了《修正山林矿产法令（草案）》《保护妇女青年条例》《裁判条例》等政策法令，选举产生了陈彩芹任主席的县苏维埃政府。会议期间，遭广东国民党军的"围剿"，饶和埔县委、县苏维埃政府组织代表紧急突围，先后东移至福建省诏安石下、龙伞栋、赤竹坪、尖栋、马坑后，饶和埔县苏区改称为饶和埔（诏）苏区。

（二）梅埔丰根据地的斗争

1930 年秋，中共东江特委在"左"倾冒险主义错误指导的下将东江特委机关南迁潮阳的大南山后，曾为东江特委指挥中心的梅埔丰革命根据地，受广东国民党军的"围剿"。在残酷的反"围剿"斗争中，原大埔县委领导的埔西区苏维埃政府主席黄朋生、区委书记房运明先后牺牲。埔西区苏维埃政府委员李昆（李绰如）等转到大埔、丰顺边重新组建以李昆任主席，李锡金任副主席，徐履祥、张剑涛、罗石检、李英、蒋阿昌、邹阿彩任委员的埔西区苏维埃政府。韩江以西的大埔三河、大麻、银江、洲瑞、英雅区域内的民众，以大埔西部的银江为中心，在反击国民党军"围剿"中，不断扩大与巩固红色区域。汀江以西的埔北青溪桂竹园

（祝丰）成立以叶集任主席，梁宗坪、丘学锡、梁贴贤、丘光挠等任委员的饶松区苏维埃政府，属梅埔丰革命根据地东部的重要区域。

融入饶和埔、梅埔丰根据地的大埔红色区域，在饶和埔、梅（埔）丰县委领导下，不断完善苏区的各项建设，组织民众进行打土豪、分田地的土地革命运动，成为闽粤赣根据地的重要组成部分。

三、大埔苏区融入中央苏区

1930年12月，中共中央根据国民党军"围剿"兵力占据东固、泰和、广昌、闽西的建宁等地的情况，很快纠正打通赣西南、湘鄂赣为中央根据地的计划。对红一方面军的发展方向提出以赣南和赣东南为作战地区，以闽粤赣为后方根据地的要求。即把中央根据地范围调整为"作战地区"和"后方根据地"两部分。

1931年1月，中共苏区中央局发出的《通告（第1号）》，对闽粤赣革命根据地的范围明确界定为：闽粤赣特区，包括闽西、广东东北、赣东南一部分。属梅埔丰、饶和埔边县根据地的大埔红色区域，在广东东北的范围内。

1931年5月，根据中共中央、苏区中央局的决定，闽粤赣革命根据地改称闽粤赣省。因靠近闽粤赣省委机关所在地闽西永定虎岗，继续在闽粤赣省委领导下开展斗争。1931 年 9 月，中央苏区粉碎国民党军第三次"围剿"后，赣南、闽粤赣（即闽西、粤东北）连成一片。属闽粤赣省的梅埔丰、饶和埔境内的大埔红色区域及埔北，成为中央苏区连片的区域。1932 年 3 月，中央苏区闽粤赣省改称福建省时，中共苏区中央局再次重申：闽粤赣（福建）是中央苏区的组成部分。

第八节　中央苏区时期捍卫根据地的斗争

1931 年春，广东国民党军调重兵"围剿"饶和埔中心区域——大埔县东部的红色区域。为配合中央苏区腹地的第二次反"围剿"，饶和埔县委、县苏维埃政府机关先后迁至福建省诏安。大埔东部红色区域的党组织和民众以西岩山为中心，坚持斗争，并逐渐恢复建立了西至大埔东部百侯、东至饶平西部九村为主要区域的饶和埔诏根据地斗争区域。大埔南部红色区域的党组织和民众以桃源为中心，在大埔、丰顺两县间重新建立了埔南区苏维埃政府。韩江以东的大埔东部、南部红色区域成为中央苏区福建省饶和埔（诏）革命根据地红旗不倒的地方。

1931 年，梅埔丰革命根据地内的三县党组织，改组成立中共丰梅（埔）县委。中共丰梅（埔）县委在外有国民党军的"围剿"，内有"肃反"扩大化的错误的复杂环境中，领导区域内的大埔党组织和民众在大埔西部，以银江及汀江西岸的青溪桂竹园为中心坚持斗争，并先后建立了埔西区苏维埃政府、饶松区苏维埃政府，斗争烽火不息，成为中央苏区福建省梅埔丰革命根据地东部重要区域。

　　1931 年春，埔北地区（含长治、青溪、丰溪、茶阳、西河、岩上）在反"围剿"中，与饶和埔县委、县苏维埃政府机关失去联系。因而就近在中共闽粤赣（特）省委直属领导下，重新成立埔北区。埔北苏区为了中央红色交通线的安全，以被毛泽东赞扬过的赣南东固"李文林式"根据地的"公开武装斗争同秘密割据相结合"的斗争模式开展斗争。1931 年夏，埔北区委书记江碧群牺牲后，在中共闽粤赣省委直属领导下，埔北地区先后恢复或建立了埔四、埔五区。随着中央革命根据地反击国民党军多次"围剿"斗争形势的发展，埔北逐渐成为中央苏区福建省 15 个政令畅通的县级区域之一。

第九节　中央红色交通线及大埔交通中站

　　为传达党的文件、宣传品，兼探听各地反动派消息及其他消息，八七会议决议：中央需建立通达各省的交通，各省委建立通达全县的交通，各县委建立通达各乡的交通，构成一个党的全国交通网。可见党将交通网建设较早提上日程，特别是八一南昌起义中国共产党打响了武装反抗国民党反动派第一枪之后，各地相继暴动并建立革命根据地，此项工作显得更为重要。1930年，革命形势进入了新的发展时期，赣南、闽西及粤东北部分地区连接成片，成为全国十几块革命根据地中范围最大的苏区。到1930年夏，红军发展到约7万人，连同地方革命武装约10万人，分布在湖南、湖北、江西、福建、广东、河南、安徽、江苏、浙江、四川等十多个省的边界地区或远离中心城市的偏僻山区。交通线以上海为中心，向北可通至平津、东北，向西、向北可至湖北、河南、陕甘，向南至广东、香港，这就是常说的北方线、长江线、南方线三条主要的交通线。其中南方交通线由上海中共中央机关经香港，转广东汕头、大埔，到福建闽西再到中央苏区红都江西瑞金。这条交通线由中共中央交通局直接领导，在中央苏区多次残酷的反"围剿"战争中，始终不受破坏，安全畅通近 5 年之久，被称为"中央红色交通线"。

一、中央红色交通线的建立

1929 年春，红四军由赣南转战闽西，创建闽西革命根据。1930 年 2 月，随着根据地区域的扩大，为沟通和苏区建设的需要，中共闽西特委在永定金砂古木督成立"闽西工农通讯社"机要交通网（又称闽西交通线），在大埔青溪设大埔站，蔡雨青任负责人，负责传送文件，购买药品、食盐等。

1930 年 6 月，中央主力红军第三次入闽，赣南、闽西革命根据地初步连成一片。红军第一军团（前身为红四军）急需与在上海的中共中央直接联系，红军第一军团总政委毛泽东派军团第四纵队政治部主任卢肇西（闽西暴动领导人之一）从永定赴上海，向时任中共中央政治局常委兼中央军委书记、具体负责军委和苏区工作的周恩来汇报工作，并报告毛泽东关于建立通往中央苏区交通线的意见，得到周恩来的支持。

10 月，在周恩来亲自主持领导下，成立中共中央交通局，调吴德峰任交通局局长，将军委交通总站和中央外交科划归交通局领导，下设长江、北方、南方三条主要交通线。11 月，中央政治局决定在中央苏区设立中共苏区中央局，并制定《关于苏维埃区域目前工作计划》，要求苏区的交通网与中央政治局统治区域的军事交通网能完全衔接。中央苏区执行中央的指示，在闽西苏区的闽西交通线的基础上，正式建立一条由上海—香港—汕头—大埔—福建永定、长汀—江西瑞金的交通线，名为南方（又称华南）交通线，即"中央红色交通线"。南方交通线在香港设华南总站，闽西设立大站，大埔设立交通中站，汕头等地设联络站。从丰顺留隍沿韩江至大埔高陂、银江、大麻、三河，再沿汀江至茶阳、青溪，再穿高山进入永定金砂，大埔境内路程超过100公里。

二、中央红色交通线大埔交通中站

大埔交通中站与其他交通站不同之处在于，除上级派来的交通工作人员外，原"闽西工农通讯社"大埔站的工作人员并入大埔交通中站，大埔的党组织和民众直接参加了交通站的组建和交通工作。

埔北苏区的蔡雨青、黄华、江如良、孙世阶、邹日祥、郑启彬、丘辉如、余均平、余积邦、余川生、余均开等中共党员、干部为大埔交通中站的主要交通骨干。大埔交通中站驻有一个武装班，班长卓雄（后为李玉棠），成员杨芳、杨起超、邹清仁等是大埔人。在大埔中站，护送人员和采购物资实行分点安置，中站交通员有专门负责到汕头、香港及上海的长途交通员，也有负责本地的短途交通员。为了安全护送同志们到达中央苏区，首先选定了黄华、江如良、熊志华、张超、赖义、张俊贤等为往上海、香港的交通员，从青溪到永定苏区则由杨雄、杨芳、阎火星、丘辉如、蔡端、邹春仁、郑启兵（彬）等为短途交通员。

大埔交通中站设在青溪里铺余氏宗祠，卢伟良、杨雄、郑启彬等先后任站长，下有茶阳李国良为负责人的同丰杂货店、孙世阶为负责人的同天饭店，青溪虎市汀江航运终点虎头沙（沙岗头）有余良晋、谢莲夫妇为负责人的永丰食杂店，多宝坑邹日祥家、长治铁坑、伯公坳小站等为交通联络网点。青溪崩逢尾余均平的旧屋、大水坑村棣萼楼作为物资中转仓。购木船一艘、民船两艘来往于汀江中上游的茶阳、青溪之间，作交通运输。

大埔交通中站之下的联络点、小站，为了交通工作的安全，多以家庭模式组成。上级人员需乔装打扮成适合当年斗争环境的各类人物，在交通员的护送和在大埔交通中站之下的联络点（站）人员的掩护下进出苏区。进出苏区的物资通过船运到大埔县后，在大埔交通中站区域内，主要是靠交通员肩挑运送。大埔中站的交通骨干孙世阶、江强英、余川生、余积邦等为红色交通线工作献出了宝贵的生命。

中央红色交通线站点之间采用了多条线路通行。从潮州到大埔开辟了水陆两条交通线，一条是韩江水上交通线，另一条是途经饶平黄冈、上善、枫朗和村的陆地线。在大埔老县城茶阳设立了同天饭店、同丰杂货店两个联络点，货物和人员可选择在此休息，或者直接转移至交通中站乘小船直上青溪。无论是水路，还是陆路，到了青溪，都必须要跨越粤闽边境崇山峻岭，方可进入永定的桃坑小站。从青溪沙岗头至桃坑，也有两条山地线路。一条是人迹罕至的幽深小径，沙岗头—岳渊—多宝坑—铁坑—伯公坳—桃坑，另一条是山地与村落交错的村道，沙岗头—岌背—花窗—党坪—铁坑—伯公坳—桃坑，前一条自然条件较差，在虎市石下坝还有国民党驻军，另一条敌人在花窗设有哨卡，路上行人较多，各有不便。

大埔中站有一个比较固定的妇女运输队，成员有李阿镰、饶阿亮、古阿八、邱阿莲、吴贵妹、陈阿伍、许耕妹、陈阿粟、余乃英、邹段英、涂有英、唐阿蜂、余群美、丘阿七、香英、茶英等，多时上百人。接到船工口令暗号后，参加秘密运输工作。忠诚可靠的妇女交通运输队是运送物资的主力军，她们凭着坚定的毅力翻山越岭，相当艰苦，并且冒着被缉拿的风险。执行交通运输任务时，前面几人化装为走亲戚的乡民领路，机智地应对盘查和哨卡。

1931 年 12 月，临时中央政治局常委、中央军委书记周恩来从上海前往中央苏区。大埔中站站长卢伟良、交通员黄华护送周恩来先后在永丰商号以及多宝坑小站休息，昼伏夜行安全通过封锁线进入中央苏区。①据永定桃坑伯公坳小站站长丘辉如回忆：1931 年冬，一位交通员带着一位化过装的同志来到他的面前，只见那位同志穿着平民布衣，身带纸伞一把，身提一只草藤箱，仪

---

① 中共广东省委党史研究室、中共汕头市委党史研究室编：《红色交通线》，粤内登字（10299 号）2009 年，第 243 页。

表朴素大方。那位同志取出介绍信，丘辉如见是一张草纸，交通员说见水分详。他将草纸放在面盆水上，草纸显出两行字，右边一行写着"上香汕"，左边写着"少山行区"，他始明白护送的是领导人周恩来[1]。周恩来一行在多宝坑吃完晚饭，在武装班护送下，乘夜色穿越山中小径。由于具备良好的身体素质，周恩来在崎岖山路中行走迅速，不逊于经常在此线活动交通员和武装班战士。周恩来指示，为保障进入中央苏区的交通线安全，路况虽然难走，但宜保持现状。

1932年，中央苏区保卫局局长邓发指示组建武装班，负责将从上海党中央行至大埔的党内要人武装护送至中央苏区瑞金。任命保卫局白区工作部执行科卓雄为武装交通负责人，从特务连挑选数名精干战士如杨芳、杨起超、邹清仁等组成武装交通班。每人配备驳壳枪一支、手榴弹两个、刀一把。为避免发生意外，护送途中凡有村庄不能进。穿越人迹罕见的茂密山林，沿途不免发生老虎出没，长蛇伤人的险情。出于安全需要，护送是在黑夜进行，白天则窝在山林之中就地休息。交通科在沿途设立的交通站名为"红星社"，有地下党员骨干送饭带路，巧作掩护。1933年，卓雄带领武装班从茶阳接到无产阶级革命家林伯渠。此时，林伯渠将近五十，穿长褂，着皮鞋，戴着眼镜。为防敌人循鞋印跟踪而来，武装班战士撕毁了上衣包在他脚上赤脚行走，即便如此，他仍旧是脚破血流，受了不少苦。

---

① 中共广东省委党史研究室、中共汕头市委党史研究室编：《红色交通线》，粤内登字（10299号）2009年，第243页。

1933年初，陈云从上海取道大埔中站至中央苏区。1934年1月中共六届五中全会后，中央政治局常委兼中央白区工作部部长陈云分管秘密交通工作。陈云组建特务营，任务是穿越敌占区武装搬运重要物资回苏区。陈云亲自来到特务营进行动员，下达任务到大埔县青溪接送贵重物资。第三天，特务营一连到达了小根据地——大埔青溪镇。战士们来到这里，乡亲们热情欢迎，村赤卫队主动为他们站岗放哨，让战士们好好休息。次日下午，战士们开始集合领物资。他们将通过闽粤地下交通站采买来的西药、电池、电缆、机油、无线电设备、特种纸、食盐、布匹等中央苏区急需的物资，还有几捆白区的旧报纸秘密运送回苏区。

在党中央重视之下，周恩来、叶剑英、邓发、萧向荣等人指导和广大人民群众大力支持下，大埔中站出色地完成工作。1934年10月，大埔中站武装班战士跟随长征。长征途中，中央交通科科长陈彭年，交通员黄华、江如良等不幸牺牲。大埔中站站长曾昌明、副站长郑启彬等人因上级传达命令出错未参加长征，交通机关保留与陈潭秋、邓子恢、张鼎丞、谭震林、方方等闽粤赣边区负责同志及项英、陈毅、粟裕、杨上奎等粤赣边区负责同志联系。

红军长征后，大埔中站受到破坏，一批交通员、群众被捕，乃至壮烈牺牲。1934年10月，党组织从青溪坪沙校长袁旭华处获悉，国民党蓝衣社特务丘达甫、丘麟、丘刚甫与大埔县长范其务密谋将"清剿"青溪，曾昌明、涂锐添组织精干武装闯入坪沙团防当场击毙丘达甫、丘麟。但事后，十多名革命群众被抓，袁旭华、袁立之、陈占勇惨遭杀害。1935年，由于叛徒向国民党驻军陈绍武团告密，交通线党员孙世阶、余均平、余川生、余积邦等人被捕杀害。1936年，埔北区民政干事涂晋官因叛徒出卖，在青溪被捕入狱，数月后就义。

三、中央红色交通线和大埔交通中站的历史贡献

中央红色交通线建立后，大埔交通中站成为一个重要交通站，交通线及大埔中站有如下主要贡献：

一是确保了党中央和中央苏区的联络畅通。从中央红色交通线大埔交通中站成立到1933年1月中共临时中央局迁入中央苏区前，保证了上海党中央和中央苏区之间上情下达和下情上送，使交通线及大埔中站成为党中央和中央苏区的"千里眼"和"顺风耳"。

二是安全护送了一大批干部进入中央苏区。中央红色交通线建立后，为巩固、发展和扩大苏区与红军，党中央决定抽调一批在白区工作和被派往苏联及旅欧学习后回国的同志到苏区，加强领导力量，交通线及大埔中站先后护送叶剑英、邓发、王首道、萧劲光、张爱萍、左权、项英、任弼时、徐特立、董必武、李富春、陆定一、伍修权、刘伯承、周恩来、聂荣臻、刘少奇、蔡畅、林伯渠、陈云、博古、邓颖超、邓小平、瞿秋白等200余名领导

干部安全进入中央苏区。

三是确保党中央活动经费。1933年1月前，设在上海的党中央机关的工作经费需要苏区上缴，中央红色交通线及大埔交通中站先后提款并安全运送黄金十多斤，银元、钱币等一大批到上海中共中央机关，为白区党的建设和党的地下工作，作出巨大的支持。

四是关键时刻安全掩护中共中央机关进入中央苏区。1933年1月，中共临时中央局因在上海无法立足，被迫将机关迁往中央苏区。此时，党中央继建立中央红色交通线后建立的多条交通附线、湘鄂赣边往中央苏区的通道，均被国民党军破坏。中央红色交通线及大埔交通中站安全护送在上海的中共临时中央局领导、机关工作人员、共产国际顾问李德等安全经大埔进入中央苏区腹地。

五是安全运送了中央苏区的急需物资。中央红色交通线及大埔交通中站建立后，经历了国民党军对中央苏区进行的第二、第三、第四、第五次残酷的"围剿"，交通线及大埔中站先后为中央苏区运送了大量的药品、电池、布匹、食盐、电讯设备等紧缺物资，为中央苏区粉碎国民党军的"围剿"提供了保障。

第十节　大埔苏区对中央苏区的历史贡献

　　大埔境内苏区在中央苏区管辖时期，处于中央苏区粉碎国民党军的第二、第三、第四、第五次残酷"围剿"的艰苦岁月中，大埔苏区民众积极筹款筹粮，踊跃报名参加红军，为粉碎国民党军的"围剿"和第五次反"围剿"中主力红军安全转移作出了一定的贡献。

　　1933年春，红一方面军取得了第四次反"围剿"的胜利后，中央苏区得到发展。全盛时期，以江西瑞金为中心，辖有以兴国、宁都为中心的江西省，以长汀为中心的福建省，以黎川为中心的闽赣省，以会昌为中心的粤赣省。在此前后，大埔北部为保卫红色交通线的安全，由中央苏区福建省直属领导，逐渐发展成为中央苏区福建省15个政令畅通的县级区域之一。梅埔丰、饶和埔根据地内的大埔红色区域，由中央苏区后方逐渐变为前沿。

　　1933年9月，蒋介石调集46个师又4个旅共50多万人，发动对中央苏区的第五次"围剿"。当时中央苏区东南部的福建省（即闽西）大埔县苏区，政令畅通，积极扩红，筹集物资支援主战场的中央红军。

早在 1930 年 5 月 5 日，大埔即交红第十二军军需处大洋 2235 元，1930 年 6 月 4 日交永定县苏维埃财政委员会大洋 2300 元，1931 年 5 月 12 日交第十二军司令部经理处大洋 199 元。

1933 年 10 月，中央苏区福建省辖下的县级区域大埔县北部（简称埔北），根据福建省委分配的名额，派曹托生、曹哲夫等代表出席了中共福建省第三次临时代表会议，并承担福建省委分配扩红任务 100 名，饶和埔（含大埔东部、南部地区）承担扩红 150 名任务。大埔县一大批赤卫队队员北上闽西参加中央红军，并参加两万五千里长征，这是大埔县成为广东省参加长征人数最多的县的主要原因。

1934 年 1 月，埔北代表赖济华出席在瑞金沙洲坝召开的中华苏维埃第二次全国代表大会。中华苏维埃第二次全国代表大会前后，处于中央苏区前沿的属梅埔丰、饶和埔（诏）、埔北红色区域内的军民，在中央苏区第五次反"围剿"中，为牵制与减轻国民党军对中央苏区腹地的军事"进剿"，进行殊死的斗争。特别是埔北地区干部与群众，积极配合掩护中央红色交通线及大埔中站安全运送苏区急需的民用、军用物资，为中央苏区腹地军民反击国民党军的第五次"围剿"及中央主力红军安全转移进行长征作出了贡献。

1934 年 10 月，中央苏区红军长征，编入红军第十二军三十四师一〇〇团的数以百计的大埔儿女（原在大埔组建的东江红军十一军四十八团）在长征途中的"湘江血战"中大部分壮烈牺牲，成为长征史上的无名烈士。幸存者继续跟随部队长征，其中知名的有罗明、肖月华、杨兰史、杨辉图、杨永松、萧光等26人。有数以万计大埔儿女为创建、保卫苏区献出了宝贵的生命，其中知名的革命烈士有438人，不少革命老区村庄成为无人区。

第十一节　土地革命后期大埔党的活动与斗争

1934年10月，中央红军撤出中央苏区后，国民党仍以第十师、第八十三师、第八十师及广东独立师、第九师为主力，对闽西苏区实行大"清剿"，大埔苏区进入了艰苦的三年游击战争时期。

一、大埔的游击战争

1934年10月，留守中央苏区的张鼎丞、谭震林等奉命坚守闽西，成立闽西南军政委员会，大埔北部在闽西南军政委员会领导下，闽粤边区先后成立永和靖军政委员会永和埔工作团、中共永和埔工委、永和埔游击队，在茶阳田瓜寮、太宁塔坑设立交通站。

1935年，在福建永定、广东大埔边境活动的永东游击队及红八团、红九团辗转大埔的大东、双溪、枫朗、西河、茶阳等地，频频出击歼敌。6月11日，永东游击队出击，摧毁西河黄麻坳张悟贞团防一个中队，俘敌40多人，获枪100余支，毁敌炮楼2座。红九团与敌驻漳溪的2个连于南桥遭遇，激战数小时。13日，红九团又出击枫朗坎下民团。17日，永东游击大队200多人出击西河黄砂，解决经费问题，后出击双溪木教民团。永东游击队及红八团、红九团在大埔的活动，使大埔人民看到了共产党存在，希望还在，人民群众以各种方式支援游击队。

1934年8月，中共饶和埔县委将饶平九村、大埔光德、枫朗西岩山一带划为第二区，派县委委员黄佛率领一个小队恢复和发展二区工作，到1935年，游击队发展至八九十人，建立了七八个支部。1935年冬，饶和埔县委采取"分散出击，打击反动分子"的方针。受"左"倾错误路线影响的中共闽粤边特委书记黄会聪却认为这是"右倾机会主义"，作出解散饶和埔县委的决定并错杀了一批干部。其后第二区党的组织便与上级失去了联系。

二、古大存率部来大埔坚持斗争

早在1930年下半年，在中共党内以城市为中心的"左"倾思想指导下，东江特委已将机关由粤东北梅埔丰边区的八乡山迁南部的大南山。主观上，执行了以城市为中心的战略，造成红十一军三次贸然进攻粤东县城潮安失利。工农武装力量元气大损后，没有认真总结教训，却又在根据地内开展错误的"肃反"运动，严重地削弱了东江地区的领导力量。客观上，广东国民党军不断增兵"围剿"红色区域，使根据地区域不断收缩。1934 年 10 月，中央红军长征后，东江革命根据地失去了北面中央苏区的支撑与牵引，更难抵实力雄厚的广东国民党军。1935 年 4 月，国民党军邓龙光师重兵围攻大南山，东江特委书记李崇三带领游击总队主力向潮澄澳边区转移途中被捕叛变，导致游击队被骗下山后，被国民党军消灭，根据地沦陷。

1935 年底，古大存带保卫局战士从大南山突出重围后，与上级党组织失去了联系，遂向粤东北转移。到八乡山后，他们与坚持在边区斗争的梅埔丰游击队取得联系，得知红军长征后大埔仍有中共组织坚持活动。为尽快与党组织取得联系，古大存率领陈华、张观亮、张六、曾史文等 17 人，从丰顺童梓洋出发，经丰顺北斗、留隍、黄金渡过韩江，从潭江进入大埔。

古大存率部进入大埔后，由于大埔苏区的中共组织在红军长征后转入地下，未能取得联系。古大存率部转战大埔桃花、平原、帽山等地，后到光德、桃源一带坚持游击战争。古大存等以包山烧炭为业，个别串连的办法，逐步发动群众，而后又通过瓷工的关系，把队员安排在瓷厂做工，取得合法的谋生职业后，秘密组织工会、贫农团。在农民和瓷工中发展党员，先后建立了 6 个支部。在东瓜坪山村秘密建立苏维埃政府，选举罗裕民为主席，使游击活动有可靠的根据地。为解决山区消息闭塞问题，创办学校以公开职业为掩护，订阅国民党的报纸，购置收音机了解敌我的情况。后来，原十一军后方医院院长古柳春获悉古大存在大埔坚持斗争，又带古关贤、古宜柄、古铁生、古酌言等8人与古大存会合，游击队人数扩大了2倍。在群众的支持下，游击队活动区域伸展到埔南桃源桃丰的尖山、中炉、三洲湖，丰顺的旁门畲等山区，形成了一定规模的游击区。

为了尽快与党组织取得联系，1938年，古大存亲自前往香港，通过《大众日报》编辑，再北上武汉找到八路军办事处，见到了周恩来、叶剑英。根据周恩来、叶剑英的指示，古大存返回香港工作，任中共广东省委统战部长，后北上延安出席党的七大会议。在大埔坚持活动的游击队，则按中共南临委的指示，由古关贤率领北上到闽西。这支游击队成为革命的火种，抗日战争时期，游击员张五返回五华，恢复了八乡山的党组织；古关贤后调任中共大埔县委组织部部长，成为粤东北党组织和武装斗争的骨干。

第三章
全民族抗日战争时期

第一节　抗日救亡运动的兴起

九一八事变后，在民族危亡的时刻，中共中央和中华苏维埃共和国临时中央政府多次发表宣言，提出"以民族革命战争，驱逐日本帝国主义出中国"的口号。中共饶和埔县委建立饶和埔反帝大同盟，散发《是谁勾结帝国主义出卖民族利益》的文告和传单，揭露日本帝国主义的侵略罪行，抨击国民党"攘外必先安内"的反动政策，兴起反对日本帝国主义的侵略、反对内战的群众运动。

1931年9月25日，大埔中学举行抗日大会，全校师生200多人参加。全校师生一致决定：第一，誓死不买日货；第二，组织抗日救国团；第三，广泛宣传，揭露日本侵略阴谋及其暴行。10月10日，大埔县城茶阳举行各界反日救国大会，与会者臂缠黑纱，手擎有"誓死不买日货""誓雪国耻"字样的黑旗或白旗。大埔中学组织两支抗日宣传演讲队，一队到湖寮、百侯、三河，另一队往西河大靖、漳溪、黄砂。宣传队每到一处，便登台演讲、演出话剧，揭露日军侵略暴行，参加集会群众少则4000人，多则7000多人。大埔中学学生自治会还成立了抗日义勇团。大麻中学也组织救国会，下乡到银江、英雅开展抗日宣传。高陂中学、百侯中学组织抗日救国会、宣传队，上街查禁日货等。

1932年，在中山大学读书的饶彰风与杜埃、张直心组织天王星社，出版抗日文艺刊物《天王星》，抨击国民党政府的不抵抗主义。《天王星》被查封后，饶彰风回到大埔西河黄砂梧冈学校执教，于1934年在县城大华路创办文化书店。不久，李静阳亦开设中华书报社，出售《资本论》《列宁与革命》等进步书籍，传播进步思想，进一步点燃了抗日救亡的火焰。此外，饶彰风与陈以我、饶乃跃等创办《小小》刊物，揭露国民党大埔公安局局长罗锡兰压制抗日宣传的丑行。大埔县城，在城区区长李文（原中共维靖支部委员）、在城公学校长饶乃跃、梧冈学校校长饶彰风等控制了县教育会、民众教育馆、大同报社。高陂中学校长刘象爻（原中共党员）控制了高陂教育会，使大埔教育界抗日救亡运动活跃起来。

1935年8月1日，中国共产党驻共产国际代表草拟了《中国苏维埃政府、中国共产党中央为抗日救国告全体同胞书》（即《八一宣言》），10月1日，以中华苏维埃共和国中央政府和中国共产党中央委员会的名义正式发表，号召全国人民团结起来，停止内战，抗日救国，组织国防政府和抗日联军。12月9日，北平爱国学生数千人，举行声势浩大的抗日救国示威游行。大埔各中学举行支援"一二·九"学生运动示威集会。

1936年6月，中共党员杨亦肖、杨兆京、吴燕明、肖力克、张力克、李俊成等先后回到大埔，组织民众读书研究会、中华民族先锋队、时代剧社、救国会等开展抗日救亡宣传活动。

1937 年 3 月 28 日，中共南方工作委员会的报告称："广东公开一致的、上至县长、保安队长、下至行夫走卒的救国会，仅有大埔、中山两县。这些救国会创办文化合作社，发行、推销、介绍先进报纸与刊物，销售《救国时报》每期数百份，推动了抗日救亡运动蓬勃发展，在广东抗日救亡运动中开了先河。"

第二节 全面抗战爆发后大埔党的建设

一、中共大埔县工委的成立

1936年，中共中央北方局派薛尚实到广东指导南方地区的抗日救亡运动与恢复发展党的组织。薛尚实先后在香港、广州、广西梧州、大埔等地发展一批党员。在建立基层党支部的基础上，先后组建了中共广西省工作委员会、中共西江工作委员会、中共香港工作委员会、中共韩江工作委员会、中共大埔县工委、中共广州市委、中共香港海员工作委员会及中共南方临时工作委员会（简称中共南临工委）。

1936年7月，张直心在广州加入中国共产党后，抗日救亡社团组织救国会派任他为潮梅东江特派员。10月，张直心回到大埔后，吸收饶乃跃、陈以我、张光、刘德和、陈世捧、余南盛、张占炫7人加入中国共产党。接着在县城茶阳南华寺恢复中共大埔地方县级机构，成立中共大埔县工作委员会（简称中共大埔县工委），指定饶乃跃任书记，陈以我任副书记，刘德和任组织部部长，张光任宣传部部长。中共大埔县工委是由薛尚实等组建的第一个县级领导机构。

中共大埔县工作委员会在中共南临工委直接领导下，各成员以正当职业作掩护，先后在西河、青溪、大麻、百侯、大东、高陂等地发展中共党员，建立党的地方组织，并领导大埔县各地的抗日救亡运动。1937年2月，张直心回香港后，中共南临工委分工由饶彰风负责与大埔的联系。

中共大埔县工委执行中共南临工委关于建立抗日民族统一战线，将反蒋抗日改为迫蒋抗日的指示，广泛开展抗日救国会的工作。在党的建设上，调查了解土地革命战争时期留下的党员及组织的活动情况，了解到埔南有古大存率领的游击队，埔东原永和靖县长乐区委、埔北永埔工委的党员仍在活动，从而恢复了同古大存、闽西南军政委员与中共南临委的联系，为统一闽粤赣边区各地党组织、组建中共闽粤赣省委打下了一定的基础。

七七事变爆发后的第二天，中共中央发出《中共中央为日军进攻卢沟桥通电》，号召全国同胞、政府和军队团结起来，筑成民族统一战线的坚强长城，抵抗日本的侵略。在共产党不断倡议、全国抗日救亡运动的推动下，国共两党的合作抗日协议终于达成。

虽然达成国共合作抗日协议，南方游击队仍遭国民党军队的疯狂"清剿"。统治广东的国民党第十二集团军总司令余汉谋坚持蒋介石的"攘外必先安内"的方针。大埔国民党当局也禁止共产党公开活动。中共大埔县工委在中共南临工委的领导下，广泛开展抗日救国会的工作。县工委书记饶乃跃以中学校长的合法身份，组织在城学界抗敌救国联合会和流动剧社。大埔县长梁若谷迫于全国民众抗日运动高涨的大势，以支持群众抗日为幌子，成立大埔县学界抗敌救国联合会，饶乃跃被列入该会领导成员之一，梁若谷自任救国联合会主任，企图控制大埔的抗日民众运动。大埔县工委派人进入以国民党当局名义组织的群众团体中去担任领导职务。

县工委将机关迁至西河北塘，在县城李万利商店设秘密通讯处，撤去县城文化书店，张光到西南公学执教。李静阳于县城大华路创办中华书报社经营文化书店业务。县工委安排罗明任百候中学代校长，以公开合法的身份，做好上层的统战工作。由百候党组织负责人杨亦肖与罗明联系，发动教师组织时代剧社，并通过时代剧社、流动剧社和中山大学回乡学生服务团联合邀请全县各救亡社团学校代表，在百候中学召开联席会议，将各社团学校联席会议建成党员参与领导的全县抗日民族统一战线组织，领导全县抗日救国运动。

1937年秋，茶阳太宁的中共党员饶奕昌等人与闽西南军政委员会张鼎丞主席接上关系，他们在张鼎丞的领导下，建立了埔北工作团，曹哲夫任主任。工作团成立太宁党支部，饶奕昌任书记。中共埔东工委委员杨亦肖赴高陂，接上部分党员关系并吸收新党员后建立高陂党支部，李振欢任书记。丘光任高陂中学党支部书记。

1937年冬，县工委组织部部长刘德和赴太宁，接上中共太宁支部的党组织关系后，太宁支部扩建为中共埔北区委，由曹哲夫任书记，饶奕昌任组织委员，曹开振任宣传委员。

二、闽粤赣边党的领导机关成立

1937年9月中旬，中共韩江工委书记李碧山陪同中共闽西南委员会主要领导方方从汕头来到大埔黄砂，在下黄砂拖竹岭竹头坝举行县工委扩大会议。会上，方方传达了中共南方临时工作委员会关于闽西、闽南和广东潮梅地区（韩江工委）三地的党组织联合成立中共闽粤赣省委，大埔县工委由南方临时工作委员领导转归中共韩江工委领导的决定。方方还指示韩江工委领导机关由潮汕地区转移到斗争环境、群众基础都比较好的老区大埔或梅县。会后，方方到永定沿田与闽西南军政委员会主席张鼎丞取得联系。

10月，中共闽粤赣边临时代表会议在龙岩县白沙乡南卓村举行，中共大埔县工委派陈世捧出席会议。会议传达中共中央要求各地党组织在抗日民族统一战线问题上，必须坚持独立自主原则的指示。会议根据中共中央决定，撤销闽西南军政委员会，成立由张鼎丞任书记，方方任组织部部长，邓子恢任宣传部部长，谭震林任军事部部长的中共闽粤赣边省委员会。对边区党的相关领导机构进行调整，撤销岩永靖、永埔县军政委员会，成立永和靖县委，大埔县工委宣传部部长张光调中共永和靖县委任宣传部部长，大埔县工委宣传部部长由书记饶乃跃兼任。

1938年初，中共闽粤赣边省委书记张鼎丞率新四军二支队北上抗日，方方接任省委书记。中共闽粤赣边省委改称为中共闽西南潮梅特委，撤销中共韩江工委，成立中共梅县中心县委和中共潮汕中心县委。中共大埔县工委归梅县中心县委领导。

三、中共大埔县委的成立

1938年6月，中共大埔县工委在西河黄砂赤蕨寺举行工委扩大会议，成立中共大埔县委员会，肖力克任书记，陈世捧任副书记，刘德和任组织部部长，饶乃跃任宣传部部长，李静阳任青年部部长。会议确定党的中心任务：动员人民群众积极投入抗日救亡运动；建立抗日民族统一战线，推动上层的统战工作；选派较有社会地位的党员，打入国民党组织内，发展共产党的势力。

中共大埔县委成立后，将埔北、西河两区委合并为埔北区委，曹哲夫任书记，陈梅光任组织委员，李其浩任宣传委员。区委大力发展组织，健全了原有的上黄砂、下黄砂、岩上、太宁河东、河西支部，新建坪沙支部。

1938年6月，梅县中心县委书记伍洪祥、大埔县委组织部部长刘德和到高陂巡视，在中共高陂支部的基础上，组建中共高陂区委，由李振欢任书记，刘文景任组织委员（兼妇女委员）、丘光任宣传委员、廖秋声任青年委员。并先后建立了市小、陂中、店员、妇女等支部。

四、中共大埔县党代会召开

中共大埔县委成立后，重视加强党的自身建设，提高党组织的战斗力。首先是建立和健全区委，区委下建立支部、小组，积极发展党员，消灭空白点，设立点、线联系。中共闽西南潮梅特委撤销永和靖县委，原永和靖县委领导的长乐区委归大埔县委领导，张全福任区委书记。县委撤销埔东工委，成立由杨亦肖任书记的中共百侯区委。不久，县委之下形成了附城、百侯、高陂、石云、大麻、坪沙、长乐等区委的组织架构。其次是健全组织生活，定期汇报和检查工作，发挥支部的战斗堡垒作用。再次是加强学习和培训，提高党员的政治素质。

1938年10月，中共闽西南潮梅特委决定，中共大埔县委归特委直接领导，派秘书长姚铎到大埔筹备召开县党代表大会的工作。不久，大埔县党的代表大会在西河赤蕨寺山上召开，组建了肖力克任书记，刘德和任组织部部长，饶乃跃任宣传部部长，李志美任宣传部副部长，曹哲夫、杨卓亨任委员新县委班子。肖力克代表县委作了一年来的工作总结。会议决定了今后工作：巩固和发展统一战线，利用全县救亡联席会议推动全县的救亡工作，迅速发展党的组织，努力健全支部生活，进行党员轮训等。

五、做好开展敌后抗日游击战的准备

1939年1月，国民党五届五中全会制定了"溶共""防共""限共""反共"的反动方针。国民党成立了反共的"特别委员会"，陆续制定和秘密颁布了《防制异党活动办法》等一系列反共文件，在国民党统治区域加强了反动统治。国民党当局调李善余任大埔县长，唐人任国民党大埔县党部书记。国民党第四战区政治部主任丘誉也到大埔巡视，要求大埔县政府严格执行"防制异党活动"的密令，加强反共措施。救亡社团学校联席会议活动受到限制，前哨社被取缔，抗日民众团体被解散，严禁青抗会、妇抗会活动，抗日成了有罪，救亡活动被迫由公开转到秘密。

9月，中共闽西南潮梅特委实施"准备敌后抗日游击战的计划"。首先，将大埔县委改称为饶埔丰县委，由肖力克任书记，黄芸任副书记兼组织部部长，古关贤任宣传部部长。大埔境内设百侯区委、高陂区委、大麻区委、三河区委。县委机关迁至高陂真真照相馆二楼，集中力量开展大埔、丰顺边区的工作。其次，把领导埔永边的埔北中心区委扩大为新的大埔县委，张光任书记，下设中共保安总支、中共坪沙总支、中共大埔中学总支、中共永定下金区委。县委机关设于西河培才学校。

在中共饶埔丰县委、大埔县委领导下，各级大力发展党的组织。至1939年9月，大埔全县党员达615人，形成了浓厚的敌后抗日救亡运动的斗争氛围与强大的群众基础。

第三节　中共闽西南潮梅特委
机关迁至大埔

　　国民党右派掀起反共逆流后，中共闽西南潮梅特委为加强对潮梅地区党和抗日救亡运动的领导，将特委机关从闽西永定鸦鹊礤迁至粤东梅县的大浪口。1939 年 7 月，为机关安全，又将机关迁至大埔茶阳太宁村李屋。是年初冬，再将机关由大埔迁至梅县松源，并及时召开闽西南、潮梅各县党的代表会议，使中央"坚持抗战，反对投降，坚持团结，反对分裂，坚持进步，反对退却"等精神在闽西南、潮梅各地得到贯彻。

　　为适应新的斗争形势，特委书记方方奉命到中共中央南方局（设于重庆）学习。此时，特委保持着高度的革命警惕，将特委主要负责人及时疏散，机关以闽粤边的山区为落脚点。1940 年春，特委青年部部长李碧山、妇女运动工作负责人温碧珍转移至大埔西河黄砂塔冈小学，以教书为职业掩护。随后，闽西南潮梅特委书记方方从重庆返回大埔西河大溪背村。此后，大埔成为中共闽西南潮梅特委机关驻地。

　　在此期间，闽西南潮梅地区的时局愈发恶劣，闽西国民党顽

101

固派继枪杀中共永定县委书记后，又枪杀了马永昌等一批共产党员。潮梅的国民党顽固派则强令解散各种抗日团体，强迫师生加入三青团。粤东北的大埔中学、潮汕揭阳的南桥中学等进步学校校长受到打击，梅县的学抗会被强令解散。特委根据中共中央"在战区、敌后，要严重注意秘密工作……在一切地方准备对付局部的突然事变"的战略思想，对全区的工作提出了具体要求：提出"巩固自己，争取中间力量，反对顽固分子进攻"的总任务；各地党组织斗争的形式从半公开转入秘密；暴露身份的党员，加入其他合法名义的团体中去，等待时机或开展游击战争；在龙岩、永定及永埔边、杭永边、潮澄饶边、潮普边、惠揭边的基点村建立武装；对日军占领的潮汕地区，把游击队主要骨干分成两个小分队，在揭普边，澄海等地分散隐蔽，并把潮汕党组织划成以林美南为书记的潮揭丰中心县委和以罗天为书记的潮普惠县委、以李平为书记的潮澄饶县委。

中共闽西南潮梅特委作出的上列决策，具有极强的指导性，使各地党组织避免了大的破坏，使特委之下，仍有中心县委 2 个，县委 9 个，区委 40 个，党员 6000 余人。党的活动网分布在闽粤两省的 1 个市 22 个县的范围内。在斗争方式上，广大党员及时转入秘密状态，以共产党员的模范带头作用继续领导民众开展合法斗争。党组织与广大民众经受了锻炼，使大埔形成了较好的政治环境和群众基础。这是后来中共南方工作委员会成立后，南委机关设在大埔县的主要原因。

第四节　中共南方工作委员会
机关在大埔

1940 年秋，中共中央南方局为使南方党组织有统一的机构领导斗争，经中共中央批准，着手筹建中共南方工作委员会（以下简称南委）。九十月间，中共广东省委书记张文彬、中共闽西南潮梅特委书记方方，先后奉命到设在重庆中共中央南方局商讨成立南委有关事宜。南委成立后下辖江西省委、粤北省委、粤南省委、琼崖特委、湘南特委、潮梅特委、闽西特委、闽南特委和广西省工委等。南委领导班子为：方方为书记，张文彬为副书记兼组织部部长，郭潜为组织部副部长（后任组织部部长），涂振农为宣传部部长，王涛为委员兼任闽西特委书记。南委机关设在广东大埔县境内。中共南方工作委员会于 1940 年 11 月正式成立。

方方于重庆受命任南委书记后，返回闽西南潮梅特委机关驻地大埔县西河大溪背竞业楼饶德安家，召开特委常委会议，传达党中央和南方局关于成立南委和撤销闽西南潮梅特委，分设闽西、闽南、潮梅三个特委，直属南委领导的决定。同时还讨论三个特委主要领导干部的配备和中心工作，并决定在原闽西南潮梅特委机关的基础上组建成南委机关（驻大溪背竞业楼），原特委电台改为南委电台。中共南方局从重庆、桂林两地的八路军办事处和新四军军部抽派王清生、钟尚清、袁克伦、程严、马绍、肖敏、方芸等一批技术骨干，加强南委电台的力量。电台设于福建平和长乐。

在国民党顽固派掀起第二次反共高潮的期间，南委机关经历了由多次变动到相对固定的一个过程。1941年4月，南委机关从西河大溪背竞业楼迁往大麻恭州下村叫"宜慎山庄"的华侨的屋中。此时，南委领导成员张文彬、涂振农、郭潜等先后到职，南委领导在这里举行了第一次集会，决定由方方、涂振农在大埔主持日常工作，谢育才即往江西任省委书记，张文彬回东江，分管原广东省委辖区和东江纵队的工作。5月，南委机关辗转高陂。9月，南委机关迁至枫朗大埔角仓下一老屋。方方与郑小萍、许英、陈锦卿等化装为富商家庭，住在老屋内，在高陂建立"鸿达批发商行"作为联络站。在福建平和长乐设电台的基础上，在百侯"见南轩"设新闻台（又称备用台）抄收新华社电讯。先后在永定的沿田、大埔境内的西河黄砂、高陂真真照相馆、枫朗墩背、大埔角"天成"商号、侯西小学等地设立交通站。

南委机关在大埔期间，大埔党组织归南委直接领导。此时，正处于国民党顽固派的反共高潮中，在南委的领导下，大埔党组织和南委领导下各级党组织一样，贯彻执行"隐蔽精干，长期埋伏，积蓄力量，以待时机"的方针。1941年1月，建立埔北、埔南两个县委。6月，改委员制为特派员制，切断了组织的横向联系，实行单线联系，党员转移地方，不转移党的关系。大埔党组织建设为国统区党组织的建设积累了不少经验，也为掩护南委机关的安全作出了积极的贡献。

抗日战争时期，中共南方工作委员会的成立及设机关于大埔县，使大埔县一度成为华南地区党的指挥中心，使南委辖区成为党在南方抗日战争中的重要战略地区。

第五节　南委事件

一、南委事件的发生

1941 年 5 月，江西省委机关人员全部被中统特务逮捕，省委机关、电台也被控制，仍用过去的呼号、波长、密码与南委电台联系，假报情况，策划进一步破坏南委及其下属组织。6 月，谢育才率妻儿到江西接任省委书记，由省委交通员李铁拐（此前已被捕叛变）带到吉安，便被国民党中统特务庄子芳密捕。

1942 年 4 月 29 日深夜，被软禁在庄子芳家的谢育才夫妇舍弃未满周岁的孩子逃出敌手，于 5 月 22 日回到福建平和县。长乐区委书记张全福见了谢育才，并将谢育才写的简要书面报告转送给南委书记方方，方方即指示电台给曲江的郭潜发出撤退的密码电报。方方从谢育才的书面报告中获悉中统特务的活动阴谋，对形势已有警惕，研究了撤退转移方案，南委机关仅留郑小萍和陈锦卿，方方等人转移到百侯"见南轩"（新闻台），情况有变时即到埔北、闽西一带。并部署立即清理文书档案，抓紧转移电台。

5 月 26 日，郭潜未及时翻译电报，外出时被捕并叛变，曲江交通站遭破坏，粤北省委书记李大林，组织部部长饶卫华及廖承志等人先后被捕。国民党特务破坏了粤北省委后，马不停蹄地奔赴粤东北的大埔县。

6月4日，长乐电台工作人员陈学平外出寻找转移地点，趁机叛变，当晚带平和县保警队"进剿"电台。交通员温仁宝、雷德兴奉温碧珍指示，到村里协助王长胜、陈莲秀护送谢育才夫妇转移。他们出发至村口时，与敌相遇，即开枪击敌，遭敌反击。王长胜、陈莲秀突闻枪声，知已出事，即带谢育才夫妇急转到大埔的大东西坑隐蔽。同村交通员郭玉意听到情况后，在陈阿貌的陪同下，不顾身妊临产，赶到百侯新闻台汇报。方方、李碧山听郭玉意的情况汇报后，对南委机关及工作人员、新闻台的有关人员作出紧急转移的决定：派杨赉雄将留在大埔角的郑小萍与陈锦卿带走转移，通知墩背的刘永生、黄月英回闽西；其他人员由姚铎负责经饶平转潮汕，王亚华带涂振农经饶平回揭阳。丘鸿耀带张文彬经大麻转移。蔡瑜、张子房等人由墩背群众罗娘源父子带路，经三饶转移至浮山。新闻台的王强等经梅县松口分批撤至潮汕，后又与李梨英、方文、方超一起回潮汕。

平和长乐电台的工作人员在百侯新村畲周围的党员和可靠群众家中隐藏。方方先后在张奎、郭玉意、余玲、邹子招、张春汉、王立朝等的掩护下，由大埔百侯辗转西河溪南埠经茶阳、青溪黄石村对面的滩阴下，转到梅县松源等地，坚持在梅（县）（大）埔边领导斗争，并由李碧山、王立朝负责与外地联络。

6月6日，叛徒郭潜带领特务抵大埔高陂逮捕了南委副书记张文彬、宣传部部长涂振农，破坏了南委高陂交通站。当晚敌人奔袭南委机关驻地大埔角，方方因谢育才突然从江西回来，警惕地提早撤离大埔角。次日凌晨，大埔角（广德乡）副乡长发现有人包围老屋（南委机关驻地），便鸣锣叫喊："土匪来了！土匪来了！"大埔角群众被锣声和喊声惊醒，纷纷带器械赶来，一时喧嚷声四起，弄得敌人措手不及，其中一特务慌乱中跌入水田里皮鞋拔不出来，只好光着脚鸣枪威吓群众。待压下群众搜捕老屋时，老屋已空无一人，遂将南委开设的"天成"商号洗劫，捕去店员曾友深。7月9日，郭潜又带特务到广西桂林，破坏了广西工委，逮捕了副书记苏曼等30余人。自1941年7月谢育才被捕，至1943年1月15日广西南宁中共党员51人被逮捕，在一年半的时间里，由于叛徒出卖，江西省党组织悉数被破坏，南委和粤北省委、广西省工委领导机关及下属组织受到严重损失，教训极其惨痛。

二、"隐蔽精干"方针的实施

1942年6月6日，潮汕交通员张克来高陂，适交通站遭敌人破坏，误以为是南委机关遭破坏，即回汕头向中共潮梅副特派员李平汇报。随后，李平、张克等赶赴重庆，向中共中央南方局领导周恩来等汇报。当时，李碧山住侯北崇正小学，他找到原电台工作人员程严、黄维礼等人后，安排他们在大东西坑的枇杷树背组成工作队，建立支部，程严任支部书记，由李碧山直接领导。在此期间，李碧山、陈明、廖伟、张全福、王长胜、陈莲秀、黄维礼、罗克群、郭玉意、温仁宝、刘旭、饶德安、饶良新、黎广可、黄戈平、蓝汉华、胡伟等紧急转移并保持组织联系。方方转移到松源后，调埔北特派员王立朝到永定县峰市高礁背开设商店，负责联络工作。不久，李碧山转住湖寮长新马头村徐捷家，改名李荣生，调刘旭回新村畲，掩护李碧山与方方的联络工作和党员紧急转移，并指定雷德兴与张全福联络，安置党员疏散转移。在李碧山的领导下，中共埔南特派员陈明、埔北副特派员古关贤，负责安置南委工作人员和大埔党员转移。逐步撤出后，停止组织活动，实行"勤学、勤业、勤交友"的"三勤"方针。

南委事件后，方方坚持在闽粤边区领导斗争。1942年秋，中共南方局书记周恩来根据张克汇报的相关情况，指示"南委之下的党组织停止活动"。指示在辗转传达过程中，误传为"解散组织，停止活动"。方方对误传的南方局"解散组织，停止活动"的指示，结合南委事件后的周边实际情况作出如下决定：第一，撤退不是卷土而走，要留下根子；第二，撤退要有组织地进行；第三，工作停止，组织分散，各级留联络员和观察员，党员实行勤业、勤学、勤交友的部署。李碧山按方方的部署结合大埔的实际情况，决定埔北同志就地隐蔽，寻找职业；埔南组织紧急转移。并对大埔党员进行分类。第一类是可靠的留下，保持密切的联系。第二类是原地已暴露政治面目的，则通过私人关系疏散出去，自找职业隐藏起来，不保留组织关系，不交党费，对他们只是暂停组织关系，不是"开除党籍"，也不是"自由脱党"。

1943年春，方方离开大埔经梅县赴延安时，指定李碧山任南委联络员，负责与潮梅、闽西南各地党的联络。大埔党员在南委联络员李碧山领导下，进行隐蔽活动。

埔西，李碧山、温碧珍由湖寮长新马头村先后转到英雅的水兴村竹山背、黄屋磜及大麻莲塘"怡怡草庐"陈明家。陈明以商人身份到清泉溪、寨子、双溪新明小学、饶平凤凰金山中学等负责联络工作，并对永定侨育中学的丘秉经、余天选，高陂中学教导主任黄冷柏、黄秀颖等进行考察和联系。陈明又安排积极分子在高陂到饶平的路上设茶店、担盐开展联络。并把电台的雷德兴夫妇带到铜鼓嶂的胜坑人头坪，做木材生意，建立生产据点。

埔东，黄维礼、罗克群、郭玉意、张奎进入双溪清泉溪建立生产据点，开荒耕地、煎樟脑油、煮酒，做杉木生意等，边生产自救，边秘密开展群众工作。

埔北，南委事件并未波及，未暴露身份的党员仍单线联系。李碧山调王立朝为联络员，与原副特派员古关贤对平和九峰、九曲塘、大坝头、杨梅田等学校教书的饶奕昌、李维统、李以雪、蔡仕仁、黄华、饶良新、刘旭、詹露、古关贤、黄惠容等依当时的实际情况及时调换学校岗位。不久，为贯彻停止组织活动精神，古关贤将黄华、李维统、詹露派到卓禹轮处，饶奕昌到江西。古关贤调至梅县后，李碧山指定富里小学教书的胡伟负责西河的联络工作。李碧山派黎广可联系太宁、青溪、坪沙一带。1944年下学期，胡伟身份暴露后调长乐，派政治交通员张克昌接胡伟的工作住黄砂小学，负责与同校执教的饶良新、蔡仕仁、陈群、陈永、陈美阶联系的同时和校外党员余里英、余湾英等联系。何勇为、何献群、古关贤调梅县百禄小学。在埔北以教书为职业的党员，薪米除自己吃饭外，节余部分由饶八英联系上缴为党费，支持党的活动。

第六节 大埔党组织的恢复

1943年夏，南委联络员李碧山完成了党员干部的转移、安置工作。此时，潮梅地区发生大旱灾，农业失收，日军又占据潮汕，侨汇断绝，潮汕沦陷区大批难民涌入大埔，而奸商则乘机囤积居奇，造成粮价飞涨，大埔饥民饿病死亡者无数。大埔县国民党政府却消极抗日，积极反共，强制中、小学教师及中学生加入国民党、三青团。并在县政府内设情报股，在虎山公学、大埔中学、埔北中学、湖寮自新小学及大埔银行等单位还先后建立防"奸"小组。

5月，南委联络员李碧山根据南方局"要坚持党的原则上的严肃性，又要运用党的灵活性，要善于运用各种斗争形式和组织形式，绕过横在革命道路上的一切暗礁，而达到解放人民的根本目的"精神，开始重新建立小范围的党组织联系。他把身边的交通员改为政治交通员，建立交通网点，与闽西南、潮汕沟通。还通过政治交通了解其他党员的去向、表现，然后经考察逐个恢复党的关系。

1944年秋末，李碧山根据党员组织关系恢复的情况，在莲塘建立党的联络支部，成员有温碧珍、陈明、张克昌、余坚，由温碧珍任支部书记。原在大东枇杷树背进行生产的党员已成立程严任书记的支部。程严北上闽西参加武装斗争后，黄维礼任书记并转至清泉溪隐蔽搞生产，做樟脑油。在埔北坚持活动的党员胡伟因暴露身份调回老家，由政治交通员张克昌负责埔北党员的联系。李碧山还通过陈明，恢复了裕华小学何献群的组织关系，由何献群与赣南寻乌的黄戈平联系。温碧珍在中兰恢复了校长刘波常及刘健、黄胜昌的关系。

第七节　抗日游击队韩江纵队的
成立及其活动

　　1944 年 6 月，日本侵略者企图打通平汉、粤汉、湘桂铁路。侵占广州的日军北上进攻韶关，侵入汕头的日军亦向北推进。兴梅地区处境危急，人心惶惶。南委联络员李碧山与林美南、朱曼平等联络交换意见后，决定加紧恢复党的组织活动，恢复电台工作，组建抗日武装，创建隐蔽的抗日、反击国民党顽固派的游击据点。

一、建立党的边县工作委员会

　　1944 年下半年，南委联络员李碧山派陈明通知黄戈平、黎广可等从江西会昌回到大麻莲塘，开展恢复梅埔丰边党的工作。通过审查党员在停止活动期间的政治思想、工作表现、社会关系等情况并上报批准后，明确党的组织关系和联系方式。在恢复组织工作中，以原来保持联系和新恢复的党员作为党组织的骨干建立联络站。

在埔东，成立中共饶和埔丰诏工作委员会，张全福任书记。建立精干的武工队，向饶平、平和、大埔、丰顺边放点连线，发展组织。在梅县、大埔、丰顺边成立以大埔西部为中心的中共梅埔丰工作委员会，陈明任书记，发展党组织，组建武工队。

中共饶和埔丰诏工作委员会、中共梅埔丰工作委员会的组建，为建立抗日武装韩江纵队奠定了基础。

二、适时组建抗日游击队韩江纵队

1944年秋，南委联络员李碧山准备建立以平和长乐"老家"为基点、大埔县为中心的敌后抗日游击根据地。经过一段时间的筹备后，抗日游击队韩江纵队各支队先后成立。

（一）抗日游击队韩江纵队留守支队和第二支队成立与发展

1945年1月，李碧山从各地陆续抽调何献群、胡伟、古关贤、陈木、张光、程严、胡冠中、刘旭、魏成水、罗定能、张全福、王长胜、蓝汉华、黄大水、方波、阿虎、阿宝、阿隆、刘玉虎等20多人先后到长乐大科的兔子寨山寨集中学习武工队经验，统一思想。并于2月13日（农历正月初一），举行抗日游击队韩江纵队成立誓师大会。李碧山在会上分析形势和任务后，宣布抗日游击队韩江纵队正式成立，强调了韩江纵队是中国共产党领导的人民军队，其任务：一是抗日，打击日本侵略军，创造条件南进到潮汕前线抗日；二是自卫，与国民党顽固派进行斗争，紧紧依靠群众，巩固老区，开辟新区，在斗争中扩大队伍，完成党赋予的光荣任务。成立大会后，韩江纵队的人员分别组成留守支队和第二支队。留守支队由王长胜任支队长，张全福任政治委员，负责巩固长乐老区。第二支队由古关贤任支队长，黄维礼任政治委员，向饶平、平和、大埔、丰顺方面发展，开辟饶和埔丰地区。

韩江纵队成立后，注意提高队员的军事、政治、文化素质。李碧山经常检查各部队的军事训练、政治学习情况，要求把武工队建设成为战斗队、政治工作队。

同时，在长乐下村建立韩纵电台，调赖运如、饶德安、叶云、陈永、程严和胡冠中组建电台工作，程严任台长，胡冠中任支部书记。

留守支队成立后在支队长王长胜、政委张全福的率领下，在福建平和县长乐活动，后发展到大埔的大东、岩上和永定象湖山的一些村庄，开展宣传抗日活动，发动青年参军，扩大革命队伍。1945 年 3 月，留守支队进入大埔大东的枇杷树下集中训练，提高指战员政治觉悟。学习期间，留守支队派人进入大东的进滩、双溪的草田里、沿敦田及平和的象湖做老区的恢复与巩固工作，扩大了革命队伍。至 5 月上旬，队伍发展到 26 人，编成 1 个中队 3 个小队，钟盈任中队长。在大埔的枇杷树下，进滩、南山建立了党的支部或小组。

第二支队成立后在支队长古关贤、政治委员黄维礼率领下，回驻清泉溪，并向饶平、平和、大埔、丰顺、诏安方面发展，开辟饶和埔丰边地区的同时，打通与潮汕、闽南的联系，放点连线连成一片，逐步发展游击区。第二支队以新四军派回来开展抗日游击战争活动的名义，对群众进行形势和党的政策以及反"三征"的宣传。黄维礼、黄大水通过清泉溪的阿树哥和大埔角的黄娘烹，向三溪、双溪、百侯西岩山区等进发，于石螺塘找到邓燕珊，到桃源的东瓜坪串连。高陂的杜明负责向平原、北坑、逆流发展新区。黄大水从石螺塘往甜竹坑、砂坪的上下礤开展工作。后黄维礼等继续往南，经尖山至丰顺大水唇、箭竹洋下凤凰山，到达潮安的仙溪；由桃源、桃花到福建诏安的官陂，完成了放点连线工作。第二支队开辟了由清泉溪到潮安仙溪、桃源、桃花等纵横200多公里，覆盖200多个村庄的饶和埔丰边的游击据点。

（二）抗日游击队韩江纵队第三、第四支队成立与发展

李碧山调陈明继续筹建抗日游击队韩江纵队第三、第四支队。陈明到江西筠门岭带领黎广可、罗敦华等回大埔，后与黄戈平一起到银江豆甲坑，住在该村有威望的黄浪伯家。1945年2月26日，在黄浪伯家楼上，李碧山主持召开抗日游击队韩江纵队第三、第四支队成立大会，并在会上作动员报告，阐明抗日战争已进入反攻阶段的形势和组建抗日游击队开展武装斗争的意义。参加会议的共17人，分为2个支队，各支队配备六七支短枪，驳壳枪子弹20多发。任命李健华任第三支队支队长，胡伟任政治委员，邹子招任第四支队支队长，何献群任政治委员。发展方向是以铜鼓嶂山村为中心，第三支队向丰顺八乡山发展，第四支队向兴宁、梅

县方向的阴那山、明山嶂到九龙嶂发展。开展社会调查，掌握村、乡基本情况，恢复党的活动，建立据点，做好统一战线工作，特别是做好统战的上层人物工作，争取他们一致对外。

第三支队进入银江内乡，讲清抗日形势和党的主张，做好当地乡绅的工作，从而建立了银江内山据点，进而开通到丰顺八乡山与潮汕抗日游击队的联络通道。从豆甲坑出发，开展了直坑尾、丰顺县砂田的箭子凹、青钩湾，围绕铜鼓嶂周围的山村沙窝里、杨梅坊、石托子、孩儿座栏、铜锣湖、锅子斜、坪溪、花盏窝、园潭湖、鹤冠嶂，越过大龙华，进入簸箕窝、芋子堂、铁坑等20多个村建点工作。1945年7月初，第三支队在铁坑奉命到丰顺北部的青钩湾整训。整训后，建立了从岳坑经潭江与河东的潮汕韩纵的联络线。接着开通从银江溪口、党溪过河东后转到洲瑞的麻子坳联络线，建立据点，开辟了梨树下、大坪、嶂背、白水礤、岸洋坪、冠山、大坑上村、柯树暗、冰山、深坑到银溪的联络线，完成放点连线。

第四支队做梅县黄都乡乡长的统战工作，在黄泥坑、钻子、张风车、窠里、亡娘潭到梅县的留岌岗、大横坑、暗坑、竹子留、桃平等20多个村放点。6月奉命回到铜鼓嶂的铜锣湖，建立梅埔丰边生产武工队，开辟铜鼓嶂周围的新区，进行开荒种地、烧木炭、摘叶子去卖，购回生活用品，建立了打狗洞、七娘潭、石涧洞等据点，将铜鼓嶂周围山村连成一片，建立小块根据地。

（三）留守支队与第二支队整合为第九支队

1945 年 5 月，留守支队与第二支队经过三个月的建点后，进行休整和总结平和县案上出击的教训，找出失利原因。休整后，李碧山将留守支队和第二支队整合编为韩江纵队第九支队，王长胜任支队长，张全福任政治委员，蓝汉华任副支队长，廖伟任副政治委员，杜蓝川任政治部主任兼党总支书记。支队下设 2 个中队，第一中队长刘铁珊为中队长，中队设 2 个小队 17 人，第二中队长钟盈为中队长，中队设 3 个班 25 人。第一中队为支队主力，主要任务是外围歼敌、筹款、筹粮、筹枪；第二中队主要任务为带武工队，开发新区，做群众工作，武装保卫"老家"。

为了解决部队枪支弹药的补给问题，派出人员在清泉溪、平原和乐北一带建立兵工厂。在工厂设备极其简陋的情况下，翻制子弹，自制手榴弹，修理枪械等，为韩江纵队枪支、弹药的补给作出了贡献。

（四）抗日游击队韩江纵队第一支队的组建

1944 年冬，南委联络员李碧山派政治交通员张克昌负责恢复埔北地区的党组织关系。张克昌通过审查，恢复了原有党员的联系，建立起县城大华路旧衣摊、漳溪圩新民合作社、黄砂塔下、下黄砂余屋、乌猛斗、英雅口等联络站。

1945 年 5 月，李碧山决定组建一支战斗力较强的部队，恢复埔北地区的活动，并向梅蕉杭武发展，与闽粤边连成一片。张克昌受命在坪沙做好筹建支队的工作，他从梅埔丰边抽调黎广可、邹子招、曾友深等进入永兴乡棉畲村为落脚点，又从棉畲向郑石寮、坪沙下村、雪罗卜等村发展，创建抗日游击根据地。6月，又从电台调程严、刘旭；从梅埔丰调邓联发、姚集、郭活、姚丁等前来。6月上旬，他们在郑石寮邓林经家集会，宣布抗日游击队韩江纵队第一支队成立，程严任支队长，邹子招任副支队长，黎广可任政治委员，政治部主任胡伟。制定主要任务：一是解决经济和武器问题，以适应斗争形势的发展；二是由埔北向杭武蕉梅伸展，恢复党的组织活动，成立中共梅蕉武埔边工作委员会，指定胡伟任书记。第一支队以埔北为中心，向周围展开工作，建立情报网络，吸收青年入伍，设法解决部队给养，同时开展统一战线工作。至7月，第一支队发展到20多人，埔北成为韩纵的一块重要游击据点。

（五）抗日游击队韩江纵队第一、第九支队联合出击

1945年，韶关沦陷后，原国民党韶关市市长肖冠英回到西河上黄砂。中共埔北党组织以抗日游击队韩江纵队的名义给肖冠英发函并附抗日宣传材料，请他以抗日事业为重，支持中共梅埔党组织领导下的韩江纵队的军事行动。肖冠英接信后即与大埔县长罗博平谋划挖出以教书为掩护的中共地下党员，还在西河组织自卫队对付共产党的活动，气焰嚣张。闽粤边区党的负责人李碧山决定调第九支队和第一支队以及埔北党组织共同配合，严惩肖冠英，同时收缴西河下黄砂的广东军管区副司令黄世途家的枪支弹药。7月下旬，第九支队从长乐挺进西河的下汶水溪；第一支队

从坪沙进入太宁团村，由王长胜统一指挥，以第一支队一部负责镇压肖冠英，另一部配合第九支队收缴黄世途家中的枪支弹药，主要力量负责阻击保安乡自卫队。

7月31日凌晨，韩江纵队第一、第九支队分头包围了肖冠英和黄世途家，以神速的动作，镇压了反动分子肖冠英，收缴了黄世途家的长短枪30余支、子弹20多箱及其他军用物资一批。保安乡自卫队出动30多人前来援救，第九支队于下黄砂水口公王山伏击，击退了自卫队的进攻，保证了部队的安全撤离。

西河出击，是抗日游击队韩江纵队在大埔境内的第一次作战，此役的胜利震动了闽粤边。为开辟杭武蕉梅边区，第一支队政治委员王立朝率抗日游击队韩江纵队第一支队由埔梅边北上杭武蕉梅边区，开辟新区。

（六）第九支队改名为长胜支队

1945年8月8日，抗日游击队韩江纵队第九支队在福建省平和县寨子村遭国民党军福建保安第二总队一部及国民党平和县自卫队共500多人的袭击，支队政治部主任杜蓝川在反击战中壮烈牺牲，支队长王长胜带病指挥战斗，战斗中王长胜和蔡仕仁、张高带等不幸落入敌手并惨遭杀害。第九支队转移回到大埔县东部的大东西坑开展活动，与清泉溪的黄维礼、罗克群、黄大水等会合。第九支队在平和长乐岗巷举行王长胜等三名烈士的悼念大会。为了纪念牺牲的支队长王长胜，将抗日游击队韩江纵队第九支队改名为抗日游击队韩江纵队长胜支队，由徐达任支队长、刘铁珊任副支队长、张全福任政治委员、罗才（刘波常）任副政治委员。支队下设2个分队，全队46人。调整支队领导班子的同时，成立一个由钟盈书记兼任队长，下设2个小队共18人的武工队，归中共韩东中心区委领导。此后，长胜支队和武装工作队突出外围，与活动在大埔北部为中心的埔永梅和及以大埔东南部为中心的饶和埔丰诏地方党组织和武装部队配合，武装开辟新区。

1945年8月15日，日本裕仁天皇宣布无条件投降，中国人民的抗日战争取得了最后胜利。大埔县的党组织、抗日武装在总结抗日救亡及与国民党顽固势力斗争的成绩、经验中，与民众一起欢庆胜利。

第四章
解放战争时期

第一节　国共和谈阶段军事斗争的部署

中共中央对闽粤赣边党组织及其领导之武装力量的生存极为关注。早在 1945 年 8 月 9 日就作出《关于闽粤赣边党的工作方针和部署的指示》，指出闽粤赣边是将来内战时双方必争的战略据点，"应以党的政治口号，放手发动群众，坚持与发展各地武装据点，实行人民武装自卫的斗争"。1945 年 9 月 19 日，中共中央执行国共合作协议，指示南方主力武装北移。中共广东区委结合实际，提出一方面坚持斗争，保存武装，保存干部，另一方面长期打算，准备将来合法民主斗争的方针，并要求各地武装分散发展，运用革命两面政策，扩大据点。对敌人的进攻，选择适当时机和有利条件，集中力量出击一点，消灭一部。中共广东区委任命李碧山为闽粤赣边区特派员，朱曼平为闽西南特派员，领导闽粤边区工作。

1945 年 11 月 4 日，中共中央批转了方方的意见，成立闽粤边临委，魏金水任特派员，朱曼平、范元辉任副特派员。边区武装王涛支队、韩江纵队分散行动，组成精干的武工队，隐蔽于群众之中，保存力量。

　　鉴于国民党顽固派对王涛支队、韩江纵队发动"清剿"，1946年2月21—28日，闽粤赣边特派员李碧山在大埔银江的胜坑沙窝里召开中共闽粤赣中心县委扩大会议。会上成立了闽粤赣中心县委，李碧山任县委书记，梁集祥任副书记，张全福任组织部部长，黄维礼任宣传部部长，温碧珍任妇女部部长。下属边县也由特派员改为委员会，加强集体领导，同时抽调边区武装一支队的骨干30多人支持地方党组织建设。

　　至此，在大埔边区建有3个边县委和1个特派员区：中共闽粤赣中心县委、中共饶和埔丰县委、中共梅埔丰县及埔北特派员区。大埔形成了既有党的地方区、县组织领导，又有地方武装力量的反抗国民党独裁统治的斗争局面，并开展一系列武装斗争。

　　1946年2月21日，王涛支队支队长刘永生同黄维礼率部队夜行军，从福建平和县的长乐经大埔县的大东、双溪、大王坑到达高陂的甜竹坑休整。25日，部队指战员化装成赶集或上山祭祖的老百姓，分两路分别经赤山、陂寨向高陂集镇的进发。到达高陂后，巫先科、郑金旺带领60多名短枪突击队员，分别向国民党的高陂区区署、警察所、银行发起袭击，其余队员则由山路以祭祖坟作掩护，直扑街道后面的小山头，夺取制高点。

　　当登山的队员将到达最高点时，与1个排的守敌展开了激烈战斗。突击队员发起冲锋，毙伤敌人6名，敌人溃退，缩进营房。突击队员也负伤3人，班长李顺荣英勇牺牲。

　　山头枪声响起后，短枪队向银行和区署发起突袭，迅速占领了银行。高陂战斗还摧毁了高陂区反动政权。当日下午1时左右部队撤出高陂。

高陂战斗，是对国民党"清剿"行动的反击，不但解决了部队的给养问题，也扩大了政治影响，给人民群众留下了深刻的印象。

第二节　贯彻隐蔽方针，坚持斗争

一、梅埔丰边党组织与韩江纵队
第三、四支队的分散隐蔽

1945 年 10 月，根据闽粤赣边特派员李碧山的决定，韩江纵队第三、四支队整编成立梅埔丰县工委，何勇为任书记，刘健任组织部部长，刘富文任宣传部部长，部分人员组成县武工队，其余人员实行生产转化，利用社会关系寻找职业。

县武工队分成三个小组，何勇为等在杨梅场山上烧木炭，在铜锣湖摘叶子，解决生活和工作经费。刘富文等在铜鼓嶂的花盏窠摘叶子卖，购回生活物资。刘健等在银江孤山和丰顺县的青钓湾一带摘叶子、打草鞋、做木屐、烧木炭，将产品送到丰顺县的岳坑渡去卖。

1946 年春节前后，三个工作组集中在沙窠里整训。整训后，刘富文、姚明、张旺、张挺、叶竹、刘怀河等到丰顺占头村公学任教。张铁城、刘永祥、李向明到洲瑞中心小学任教，张铁城任校长，兼做竹木生意，支持工委经费。林燕化名黄育华，到岳坑村小学任教。

不久，县工委决定成立中共高陂区委，由张铁城任书记，刘永祥、李向明任委员。区委与高陂镇党员李泮水、丘琦、邓燕珊取得了联系。县工委又拨款派刘永裤脱产做木材生意，解决县工委活动经费。

二、饶和埔丰边党组织与长胜
支队的分散隐蔽

长胜支队出击高陂后，饶和埔边的双溪据点已暴露，成为敌人"进剿"的重点，组织成员便分别向清泉溪、第三溪、西岩山、高陂甜竹坑及福建平和县的长乐、广东饶平县的上善和九峰等地转移。

1946 年 2 月，饶和埔丰县委书记廖伟等人从丰顺县铜鼓嶂转移到大埔县第三溪的石壁下，以石壁下为基点，开展饶和埔丰边的工作。

1946 年 8 月，在长乐下湖洋召开饶和埔丰边县委扩大会议，张全福、梁集祥、黄维礼、廖伟及长乐负责人钟盈、陈木等参加了会议。会议对机关、部队分散隐蔽工作进行了具体部署，同时宣布成立中共韩东中心区委，钟盈任书记。会议决定，长胜支队分为三个部分转化。一部分原籍长乐的干部战士十多人留下就地坚持斗争，归韩东区委指挥；一部分由徐达带领向埔丰边（潭山）转移；一部分由罗才带领向埔东转移。后来，留守长乐的部队又转移到埔东、埔北。

三、埔北据点的分散隐蔽

1946年2月，中共闽粤赣中心县委决定将梅蕉武埔县工委一分为二，成立中共杭武蕉梅县工委，随第一支队前往杭武蕉梅地区；派张克昌、陈群、巫少平返回埔北开展工作，建立武工队，巫少平任队长，开发新的据点。

6月，各地先后贯彻上级生产转化的精神，指定张克昌任特派员，以据点为基地，领导白区的工作。原在平和县长乐区就地隐蔽的钟盈等人，因长乐遭敌人"清剿"，也转移来埔北分散隐蔽，钟盈任副特派员。

1946年6月，中共闽粤边临委派饶良新与中共闽粤赣中心县委取得联系后，建立起永埔工作团，以巩固大埔县的散石里（茶阳）、上山片（丰溪）及永定县的大水坑等据点。同年冬，中共闽粤边工委领导开始逐步从永定县进入大埔的丰村、凹背、鹞子石等地隐蔽。

四、国民党当局对闽粤赣边区的"清剿"

1946 年 7 月，国民党重建了闽粤赣边区"清剿"委员会，曾举直为主任，指挥闽保二、闽保三两个团及粤保二团，兵力共5000 余人。1946 年 8 月，曾举直在大埔召开各县"清剿"会议，成立县"清乡"委员会，县长罗博平任大埔"清乡"委员会主任，建立大埔县大队，以对付共产党及其领导的人民武装。

1946 年 6—7 月，返回闽粤边区的出席中共七大会议代表王维先后向中共闽粤赣中心县委、中共闽粤边临委传达中共七大的精神和中共广东区委的指示。总的精神是：华南的斗争是艰苦的长期的，党的方针是"隐蔽精干，长期埋伏，积蓄力量，以待时机"。中共闽粤赣中心县委书记李碧山经党中央批准返回越南，书记一职改由张全福担任，梁集祥任组织部部长，王维任宣传部部长，何献群任秘书长。

11 月，中共闽粤边委副特派员朱曼平受中共中央代表方方的委托，召开中共闽粤边临委、中共闽粤赣中心县委干部会议，贯彻上级隐蔽待机方针，并成立中共闽粤边区工作委员会（简称边工委），魏金水任特派员，朱曼平、王维任副特派员。边工委属下成立四个地委：梅埔地委，由张全福任特派员；闽西地委，由林映雪任特派员；闽南地委，由卢叨任特派员；在永和埔靖区域成立闽西南地委。

第三节　闽粤赣边恢复武装斗争

一、"梅埔先发起"战略的提出

1947 年初，中共闽粤边工委于福建永定园头山召开会议，针对中共广东区委提出的"实行小搞，准备大搞"的方针及"先从闽西南老区搞起，然后向粤东发展"的战略，结合边区形势进行分析，认为闽西南屡遭敌人摧残，党组织受到较大的破坏，当地的国民党反动势力比较强大；相对粤东地区党的组织较健全，韩江纵队开辟了几百个据点；武装转化后，党的组织得以保全并逐步恢复起来；梅县有白区工委，大埔有饶和埔丰县委、梅埔丰县委和埔北特派员区，白区的高陂、大麻也有共产党的区委；统一战线工作也打下了一定的基础；粤东地区是侨乡，经济比较富裕，只要控制梅江、韩江、汀江，便能较好解决经济和给养问题；原国民党粤东保安团先后调往海南，粤东各县仅有保警队一至二个大队，力量较薄弱。因此，会议提出实施"梅埔先发起"战略。即在梅埔先发动游击斗争，打开局面后再往闽西南地区发展。会后，即派中共闽粤边工委特派员魏金水赴香港向方方和中共广东区委汇报请示。

魏金水返回闽粤边后，于1947年4月在埔北丰溪七里溪召开闽粤赣边工委（3月中旬，中共闽粤边工委改为闽粤赣边工委）执委会议，贯彻党中央批准的"先粤东后闽西"的战略方针。会议决定将中共闽粤赣边工委机关迁到闽粤边境的大埔长治，将闽西南部分军事骨干调入粤东，建立一支主力部队，以开创闽粤赣边武装斗争新局面。

二、闽粤赣边解放区的创建

1947年5月30日，魏金水发表《为创建闽粤赣边区人民解放区而奋斗》的文章。6月18—26日，中共闽粤赣边工委在埔北严背畲召开扩大会议，魏金水、朱曼平、王维、刘永生、卢叨、林映雪、陈仲平等边区领导人集中学习了《迎接中国革命的新高潮》《关于开展蒋管区农村游击战争的指示》，讨论党的建设、审查干部及领导、宣传教育、白区工作、妇女工作、经济工作、"肃反"政策等问题。并作出一系列决议：提出普遍小搞，准备大搞的游击方针；巩固原有地区，发展新区，将根据地连成一片；改边区领导特派员制为委员会制，魏金水任中共闽粤赣边工委书记、王维任组织部部长、朱曼平任宣传部部长、范元辉任委员；地委、边县委相应建立武装，选择有条件的地方公开建立根据地。

三、闽粤赣边人民解放军总队成立

为加强武装建设，中共梅埔地委决定，首先将埔北坪沙集结的人员组成新的部队。经埔北特派员张克昌实地考察，选定青溪坪沙村豪猪窟为集结地点，在山上搭寮居住。梅埔地委及特务队从棉畲迁至豪猪窟。随后，闽西的刘永生等15名武装人员也转到豪猪窟，与梅埔特务队合编成粤东支队，刘永生任支队长，杨建仓任政治委员，程严、廖启忠、徐达任副支队长，王立朝任副政治委员兼政治部主任，后调郑金旺任参谋长。支队下设三个班，配备轻机枪1挺，驳壳枪24支，步枪8支。

1947年6月，中共闽粤赣边工委决定，以粤东支队作为边工委的主力部队，并命名为"闽粤赣边人民解放军总队"（仍习惯称粤东支队）。由刘永生任总队长、魏金水任总队政治委员、朱曼平任总队副政治委员。边工委机关、电台与魏金水也转驻埔北茶阳甜竹一带山区。

四、加强党的建设与游击队、武工队建立

1947年8月，中共粤东地委扩大会议在大埔洲瑞麻子坜召开。会议决定撤销原边县工委机构，建立中共饶和埔丰、埔丰、梅埔县委。会议要求各边县委要建立以游击队、武工队为基础的武装

力量；要积极巩固老区，开发新区，发动群众，组织农会和民兵，摧毁国民党的区、乡、保、甲政权。埔北则在中共粤东地委领导下成立埔永工委，暂时保持隐蔽，做好武装斗争准备，以保证驻该区的中共闽粤赣边工委及粤东地委安全。会后，边工委常委王维在银江黄草岽指导梅埔、埔丰县委举办军事训练班，为各地培训武装骨干。

同月，边工委常委王维和粤东地委组织部长陈仲平到银江冠山，主持召开中共埔丰县委成立会议，宣布何勇为任中共埔丰县委书记，刘健任组织部部长，刘富文任宣传部部长。会议决定组建中共洲瑞区委，张铁城任书记；中共银江区委，姚明任书记；大麻白区区委，李忠任书记；确定筹建县游击队和区武工队。

同月，王维到梅县三乡小都的留发岗主持中共梅埔县委成立会议，宣布黎广可任中共梅埔县委书记，张其耀任组织部部长，李健华任宣传部部长。县委之下建立区委和游击队。梅埔县委在大埔建立的有中共英雅区委（张光任书记）和中共大麻区委（罗忠任书记）。

同月，黄维礼在大埔桃花召开饶和埔丰诏边有关领导人会议，研究召集分散隐蔽、生产转化人员，组建饶和埔丰县武装基干队，创建游击根据地等工作；宣布成立中共饶和埔丰县委，黄维礼任书记，黄大水任组织部部长，钟盈任宣传部部长。决定建立中共平原北坑高道区委，钟盈兼任书记；建立中共百侯石云区委，黄大水兼任书记；建立高陂潭江区委，方波兼任书记。

粤东支队和梅埔、埔丰游击队先后分别在茶阳郑石寮、银江黄草嶂等地进行学习整训，按人民解放军建军"三大原则"和人民军队是战斗队、宣传队、群众工作队的要求，进行形势和任务、党的方针和政策、三大纪律八项注意、做群众工作等内容的教育，并进行武器使用、保管、行军、宿营、放哨、警卫、射击等军事技术训练。随后，大埔先后组建了英雅、大麻、银江、银嶂、洲瑞、党银、侯云、双桃、高陂、双和、坪沙、青溪、太宁、岩上、西河等15个武工队。

黄草嶂军事培训班结业后，在黄草嶂成立埔丰人民游击队，在梅县三乡小都椎子坑成立梅埔人民游击队。8月底，在大埔平原箭竹洋成立饶和埔丰诏县委武装基干队。9月，在埔北坪沙成立中共埔永工委和埔永游击大队。

第四节　游击根据地的开辟

一、梅埔丰游击根据地的开辟

中共梅埔、埔丰边县委在积极发展区以下地方党组织及县、区武装力量，建立地方农会、民兵组织，开展反"三征"（征兵、征粮、征税）斗争的基础上，配合边区主力，开展斗争，有力地推动了埔西游击根据地建设。

1947 年 9 月下旬，边区主力粤东支队秘密转移到银江冠山，部署大麻出击行动。10 月 22 日，粤东支队第一分队化装成赶集群众，负责解决敌自卫中队和县警察分驻所；第二中队布防镇边鳄鱼朝天山上，警戒三河方向之援敌。上午 11 时许，第一中队发起突袭，击毙顽抗分子 4 名。60 多名反动武装人员或逃或降。缴获长短枪 60 多支，子弹 3000 多发；收缴户口簿、田粮册及其他文件、档案一批；开粮仓分给群众。下午 4 时，粤东支队撤至粤东地委所在地大麻汶子里。

二、饶和埔丰游击根据地的开辟

1947年11月中旬，粤东支队第三分队一部在副支队长徐达率领下东渡韩江，进入饶和埔丰边，与饶和埔丰县委武装基干队汇合出击百侯。11月27日发起进攻。黄晞率领化装成学生的队伍80余人从黄沙坑出发，进入百侯圩镇后迅速冲向百侯警察所和区公所，行动中打死一个门卫。区长、警长听到枪声后即从后门逃脱，其余所丁当了俘虏，缴获长短枪十多支。部队到百侯中学收缴了学生军训用的枪支60多支，子弹1000多发。战斗结束后，部队在街上和学校开展宣传演讲，分发宣传品等，直到黄昏才撤离。

1948年1月27日，黄维礼在湖寮双髻山三塘村主持召开会议，传达粤东地委决定，成立饶和埔丰诏边县委，黄维礼任书记，黄大水任组织部部长，钟盈任宣传部部长。将原县武装基干队扩编为粤东支队独五大队。

1月30日，独五大队袭击恭州乡公所，收缴短枪5支，步枪十多支。2月4日，独五大队兵分两路，分别出击大埔角广德乡公所及枫朗乡公所、警察所，缴长、短枪30多支，子弹8箱，还破仓分粮给群众。2月14日，独五大队一部摧毁光德澄坑乡公所。2月15日，独五大队集中攻击桃源乡公所。

三、永和埔游击根据地的开辟

1946 年 11 月，成立中共闽西南地委。1947 年 5 月，中共闽西南地委撤销，成立中共永和埔县委，胡伟任书记。此外，埔北地区还有由饶良新等人组成的永埔工作团，受中共闽粤赣边工委领导，以及埔北特派员区，受粤东地委领导，特派员张克昌。永和埔县委与永埔工作团分别在大埔的青溪、长治、茶阳、西河一带的山区建立起了据点。埔北特派员区也在青溪、长治、茶阳、三河以及梅县松东等地山村初步建起了根据地。

1947 年 8 月 22 日，闽西地委的永和埔游击队出击西河保安乡后，整编成立闽西支队（40 多人），蓝汉华任支队长，郑永清任副支队长，林映雪任政治委员，邱锦才任副政治委员。

1947 年 9 月，中共闽粤赣边工委决定将埔北特派员区与永埔工作团区合并，成立中共埔永县工委，张克昌任书记。埔永县工委组建起埔永武工队（20 多人），粤东地委书记张全福主持武工队成立会议。武工队分成 5 个组，一组向汀江东岸、长治发展；一组向冉树坑、桂祝园、山方、按湖发展；一组向太宁、恋墩发展；一组向梅县松东发展；一组向梓里、良江发展。从而将丰溪、长治、松东、梓永、长富、保安等地据点连成一片。

第五节　发展游击根据地，粉碎 敌人"清剿"

一、梅埔丰游击根据地的发展与 反"清剿"斗争

梅埔丰游击根据地分属中共梅埔县委和中共埔丰县委领导。梅埔丰边各级武装密切配合，为粉碎敌人"清剿"，发起了一系列的反击战斗。

（一）突袭三河警察所

1948 年 3 月 28 日，粤东支队独二大队第一中队与英雅武工队、民兵共 100 多人，在政治委员黎广可和副大队长刘铁珊率领下，发起了突袭三河警察所战斗。三河警察所原设在圩镇内，慑于独二大队声威，乃迁至三河汇城外摘云秀岭山上的观音阁寺庙中，易守难攻。经过周密部署，独二大队乘夜色包围警察所，一面集中火力攻击，一面开展宣传攻势。因该所为首的巡官外出，群龙无首，20 多名警察在强大攻势面前只好举白旗投降。

（二）摧毁丙村镇公所

1948 年 4 月 17 日，独一大队、独二大队、独八大队配合粤东支队联合攻打梅县丙村，独一大队大队长姚丁亲率突击队冲击敌人炮楼。战斗中，姚丁与中队长房刚、分队长刘国华均壮烈牺牲。此役摧毁了国民党梅县丙村镇公所，击毙敌自卫队副大队长等 40 多人，震慑了时任闽粤边区"剿匪"总指挥涂思宗，对梅埔反"清剿"斗争有重大的影响。

（三）松南南福村扇子凸山战斗

1948 年 5 月 20 日，敌张光前部两个连进入松南的南福村，独二大队正宿营该村。清晨，哨兵发现敌情后已经来不及报告，便向敌人射击，以枪声报警。副大队长刘铁珊闻枪声，即率部抢登扇子凸山顶，阻击敌人。敌人亦抢登对面的山头。敌自恃人多，装备精良，发起多次冲锋。独二大队组织 10 名枪法较好的战士，对准敌人阵地中挥手扬臂的军官一齐射击，将其击毙。此役从清晨战到下午 2 时，毙敌指挥官 2 人，俘敌 6 人，其余仓皇逃命。

（四）活捉敌少将指挥官张光前

1948 年 5 月 30 日，敌前沿作战少将指挥官张光前企图以宗族关系拉拢、策反独二大队大队长张其耀。独二大队将计就计，在梅县小都"谈判"中活捉张光前，将其押送到大埔银江大寨村的边纵司令部。敌总指挥涂思宗第二次"扫荡"银江、三乡根据地，就以其前线指挥官张光前被俘而告终。

（五）银江马头山激战

张光前被俘后，涂思宗又任命少将梁国材为前线总指挥，调集1000多兵力对银江、三乡发动第三次"进剿"。敌人主力步步逼近马头山，适逢闽粤赣边工委正在银江李子坪举行会议。

1948年6月2日，独二大队在三乡阻击敌保一营的进攻。独一大队夜袭进入银江坪上的敌方景韩营。6月3日，方景韩营分两路深入军营里、李子坪，专找边纵司令员刘永生的主力决战。敌发现马头山有游击队伏兵，于是凭借装备精良，向马头山发动冲击。粤东支队独一、独二、独九大队及武工队居高临下，英勇战斗，连续击退敌人6次冲锋，毙伤俘敌60多名，缴获重机枪1挺、长短枪20多支。此役粉碎了国民党军对梅埔丰游击区的第一期"十字扫荡、重点进攻"。

二、成立独八大队（韩江税收队）

梅江、汀江、韩江是赣南、粤东、闽西地区物资流通的大动脉，常年有120多条轮船和5000多条民船（无动力木船）穿梭其间，有丰富的税源。因此，中共闽粤赣边工委决定组建税收队，解决部队给养问题。1947年12月，由李健华、刘铁珊等十多人组成的税收队，进入大埔水兴、那口、银溪、党溪等梅江、韩江口岸收税。

1948 年 2 月 15 日，中共闽粤赣边工委将税收队扩编为人民解放军粤东支队独立第八大队。何颖辉任大队长，李健华任政治委员，大队设三个班。选择梅县松口至大埔三河的梅江两岸和三河至丰顺留隍的韩江两岸的隘口建立税收据点，以梅埔、埔丰已经连成一片的游击区为物资存放的基地，并依靠地方党组织发动群众将财物运送到边区党委和边纵司令部。

4 月，独八大队在党银武工队配合下，在党溪口先后对来往的 100 多艘轮船、近 700 条民船进行收税，共收纸币、银元、黄金、实物等计值国币 10 亿多元（折港币约 3 万元）。

6 月，为保证在梅埔丰边反"清剿"的主力部队给养供应，独八大队在三洲收税据点周围山头挖筑战壕工事，加强警戒；派员在高陂、潭江等地侦探敌情，保障税收工作顺利进行。

至 1948 年 7 月，独八大队建队 5 个月来，计征收金、银、货币折合港币约 200 万元，大米上万石，物资一大批。

三、饶和埔丰游击根据地的发展 与反"清剿"斗争

（一）三路出击，将饶和埔丰游击区连成一片

1948 年春节后，饶和埔丰诏县委率独五大队兵分三路出击，扫除地方障碍。一路由刘训常率领，收缴密坑的国民党将领吴奇

伟家所藏枪支，随后与粤东支队第三中队一起，先后出击三河汇城、湖寮双坑乡公所。一路由黄维礼、黄晞率领，挺进埔南，先后摧毁光德、漳溪、桃源、桃花、澄坑、平原等乡保政权。一路由钟盈率领，巩固饶和埔边，先后摧毁平和县的乐南，大埔县的双和、南山、大东，饶平县的下善等乡保公所。

（二）三支武装会合，粉碎敌人"分区驻剿"

1948 年 4 月，李仲先率闽南支队来到饶和埔边区，与徐达率领的粤东支队第三中队及饶和埔县委书记黄维礼率领的独五大队会合于三溪。三支武装组成联合指挥部，计有指战员 200 多人。联合部队的组成有效地碎了敌人的"分区驻剿"。

联合部队先后摧毁饶平陈坑、石井、茂之、下善的国民政府乡公所、警察所，并与前来增援的饶平县保安团 300 余敌人激战数小时，杀伤部分敌人。5 月，联合部队到韩江桃花口收税，击溃国民党的护航连，收获大量现金和物资。6 月，联合部队出击湖寮双坑乡公所和自卫队，激战 2 小时，第三中队代班长杨寿生和战士郭世业英勇牺牲。此役虽攻而未克，但对敌人震动很大，不久双坑自卫队即告解散。

四、永和埔游击根据地的发展与
反"清剿"斗争

1948 年 2 月，中共永和埔县委在茶阳恋墩塔坑召开扩大会议，决定加强以青溪、松东为核心的游击根据地建设，迅速向永定、平和边境山区发展。会议还决定组建武装工作队，先后建立起了长富、东洋、长教、坪沙、青溪、松东、梓良、莒岩、西河等地方武工队。这些武工队在摧毁国民党乡保政权、发展党组织、建立农会、动员青年参军、建立两面政权、实行减租减息、反"三征"等工作中发挥了重要作用。

1948 年 2 月 29 日，埔北地区反"围剿"战斗打响。当天，敌蓝举初营在徐乃刚的县大队配合下，从茶阳西湖渡口渡过汀江，途经高陂坑村时，被民兵发现，驻坪沙的武工队员丁汉等人率 12 名民兵赶到路口山上设伏，并发动群众配合作战。武工队居高临下向敌人射击，敌方也以强大的火力还击，坪沙群众则在山上鸣锣、在煤油桶里放鞭炮以壮气势。敌人摸不清虚实，不敢贸然进犯，相持 2 小时后便撤回县城。驻桃李寨的独立大队及松东至青溪各村民兵闻讯赶到坪沙增援时，敌人已经撤去。

1948 年 3 月 22 日，敌人又分四路，从松口、三河、大埔县城、福建永定分别向埔北游击根据地的核心区坪沙、松东"进剿"。

面对严峻形势，中共永和埔县委先后在盐东坪和三坑召开紧急会议，决定由胡伟带领独立大队主力跳到外线的岩上、西河及

144

福建永定、平和地区发展；张克昌带部分武工队员留在坪沙、松东坚持斗争。

永和埔独立大队跳到外线，进入岩上大老寨后，在莒岩武工队配合下，摧毁岩上乡公所，镇压了反动乡长，收缴长枪 38 支；袭击南丰北坑村，镇压了特务分子。

经过永和埔独立大队外线的系列战斗，恢复和开辟了福建永定的湖坑、崎岭、下洋，平和县的芦溪、象湖及大埔县的岩上、莒村、西河、维新等大片老区和新区，使这片区域与原埔北游击根据地连成一片，成为后来闽西解放战争的后方基地。

留在内线的张克昌等领导率武工队员坚持斗争，扩大武工队，逐步恢复地方党和群众组织的活动。永平、梓永武工队各扩大到 20 多人，青溪武工队发展到近 40 人，接着又将武工队扩编为汀江税收队。1948 年 4 月，埔北武工队在汀江虎市破敌盐仓，将 10 万斤盐分给埔北民众。国民党重建乡保政权后上任的保长也纷纷找关系与武工队联系，建立了两面政权。

第六节　各根据地在反"驻剿"斗争中巩固及发展

一、闽粤赣边区党委和边区纵队在大埔光德成立

1948 年 6 月，闽粤赣边区在反"清剿"斗争中粉碎了敌人的进攻，收复了初期被敌进占的大部分地区，大埔境内 29 个国民党建制乡中，已被摧毁 20 个乡政权。涂思宗"清剿"失败后，由喻英奇接任"剿共"总指挥，将指挥部撤至汕头，改"分区扫荡""重点进攻"为"分区驻剿"。大埔县境仅在英雅驻有蓝举初的一个中队，埔北的青溪、花窗驻有大埔自卫队，坪沙、县城、湖寮、百侯驻有福建的保三团。

1948 年 8 月 27 日，中共闽粤赣边区代表大会在大埔光德鸟子石启明寺召开。魏金水主持会议，从粤东、潮汕、闽西、闽南前来的 15 名代表出席了会议。会议总结了一年来工作，确定了今后斗争方向，提出了"粉碎敌人重点进攻，建立闽粤赣根据地"的总任务。会议宣布了边区党委组成：魏金水任书记，朱曼平任

副书记，林美南任副书记兼宣传部部长，王维任组织部部长。会议决定组建中国人民解放军闽粤赣边纵队（简称边纵）。党中央、解放军总司令部于1948年12月21日批准，刘永生任司令员，魏金水任政治委员。边纵下设直属团和粤东、潮汕、闽西、闽南、韩东支队。支队下设直属团和县独立大队。边区党委机关先是设在启明寺，1948年底转到光德富岭，1949年3月转移到枫朗大埔角。边区党委机关和边纵司令部设在大埔，使大埔成为闽粤赣边根据地的核心区及解放闽粤赣边区的指挥中心。

二、埔永梅根据地反"驻剿"斗争及发展

1948年7月，在外线作战的永和埔独立大队分出的第一支队，由巫少平率领返回埔北老根据地。在张克昌主持下，第一支队与汀江税收队、长富基干队整编成立独立第六大队，巫少平任大队长，张克昌任政治委员。全队100多人，设两个中队及税收专业组，归粤东支队、埔永梅县委领导。

8月，新的埔永梅县委在青溪案湖成立，张克昌任书记，丁汉任组织部部长，张奎任宣传部部长。在县委领导下成立长富、永平、梓永、松东、石峰区党的区委员会。

1948年7月，人民解放军粤东支队第一大队一部和独立第九大队一部组成边纵直属第二团，在粤东地委副书记王立朝率领下

开赴坪沙一带，协同埔永梅独六大队开展了一系列的武装斗争：在韩江和汀江收税（按边工委规定，汀江税收三分之二归粤东地委，三分之一归闽西地委）；在三河梓里的韩江河段截击国民党军护航队；在梓里苦磜头击溃国民党省保安团；在青溪石下坝米浮山打击敌人，迫敌撤出青溪；追击窜扰长治、长教之敌等，从而巩固和发展了埔永梅游击根据地。

三、永和埔根据地反"驻剿"斗争及发展

1948 年 6 月，新的中共永和埔县委在大埔岩上大老寨成立，胡伟任书记，江岩任副书记，组织部部长饶良新，宣传部部长陈玉西。县委以下设工作团及 4 个区委。县委致力于将永和埔县建设成为闽西地委领导的第一块游击根据地，以此确定了县委和地方党的工作任务。

7 月，原永和埔独立大队第二、三支队（第一支队已划归埔永梅县委）经扩编，组成新的闽西支队永和埔独立大队，陈水锦任大队长，胡伟任政治委员。永和埔县所辖区均成立武工队。

1948 年 10 月，根据闽西地委决定，永和埔县委扩大为永和埔靖县委，由江岩任书记，黄华任副书记兼组织部部长，卓立任宣传部部长兼统战部部长。1948 年 10 月，中共闽西地委将闽西支队、永和埔独立大队、基干队、永和游击队等集中在大埔岩上

大老寨，整编组成地委直属的新的闽西支队，蓝汉华为支队长，范元辉为支队政治委员。全支队由原来50多人扩大到500多人，分成2个大队，取得了智取花窗自卫中队、长龙岗伏击战等几场较大的战斗的胜利。

四、梅埔丰根据地反"驻剿"斗争及发展

1948年8月，粤东地委在大埔洲瑞的麻子坜召开扩大会议，决定增选地委委员和撤销中共梅埔、埔丰县委，成立中共梅埔丰县委。

10月，原梅埔、埔丰县委所属的独一、独二大队主力编入粤东支队直属第四团。中共梅埔丰县委建立梅埔丰县独立大队，又称海洋大队，张其耀任大队长，刘健任政治委员，全队30余人（后扩到130多人）。海洋大队挺进外围，发展新区，先后夜袭白宫自卫队，突袭雁洋乡公所和自卫队等，1949年5月解放梅县丙村镇。

梅埔丰根据地是敌人重点"清剿"与"驻剿"的地区，根据地受到严重摧残。县委提出：坚持干部就地领导群众斗争，巩固基点村；开展锄奸反特行动，镇压首恶；加强统战工作，促使国民党区、乡政权转化为两面政权。

五、饶埔丰、饶和埔根据地反"驻剿"斗争及发展

1948年8月，闽粤赣边区党委决定建立韩东地委，以推进韩东反"驻剿"斗争的开展。韩东地委组建韩江支队（由独五大队与潮汕武装组成）为直属武装。韩东地委机关、饶埔丰县委机关与闽粤赣边区党委机关同驻光德富岭村。

饶埔丰县委担负着保障闽粤赣边区党委机关安全和良好运作的重任。县委通过充分发动群众，组织起农会、工会、民兵、党支部、新民主主义青年团等组织，建立起情报站、物资运输线（从韩江桃花口至光德漳溪、富岭，运送韩江税收物资）、人员往来交通线等。县委还动员陶瓷业人员献出公粮480多石，解决边区党委、韩东地委及部队粮食问题。

1948年9月，中共饶和埔县委在双溪的第三溪成立，钟盈任书记，黄大水任组织部部长，罗欣任宣传部部长。边县下辖5个区：第一区辖百侯；第二区辖枫朗、大埔角至平原五家畲；第三区辖双溪、岗头；第四区辖和村、双善；第五区辖上饶、茂芝。每区设工作团，后来扩大为区委。

饶和埔边区的各级党组织及武装力量密切配合，广泛发动群众，开展了一系列反"驻剿"斗争。通过严格审查，恢复了一些老党员的关系，发展了新党员，建立起党支部；发展了100多名青年参加新民主主义青年团；在31个村组织了农会和民兵组织；建立起一批两面政权；建立起情报网点，监视和通报敌人行踪。通过广泛、持续的斗争，迫使敌人"驻剿"以失败告终。

第七节　实施战略进攻，解放大埔县

1948 年 12 月 21 日，经中国人民解放军总司令部批准，中国人民解放军闽粤赣边纵队正式成立，刘永生任司令员，魏金水任政治委员。边纵正式成立后，即制订春季攻势，拉开了战略进攻、解放大埔县的序幕。

一、攻克重镇湖寮

1948 年 12 月中旬，闽粤赣边区党委决定首先攻克湖寮重镇。1 月 8 日晚，边一团在司令员刘永生和副政治委员朱曼平的率领下，先到达湖寮进光村附近竹林里隐蔽。10 日凌晨部队到达葵坑村后便分头行动。早上 4 时 30 分左右，由边一团参谋长徐达率领的一路（警卫连及一、四连）悄悄摸向敌人的五虎山阵地。5 时，枪声大作，警卫连冲向五虎山第一个山头，全歼守敌 30 多人。接着又攻下了第二、第三个山头和哨楼。四连从右路沿壕沟迂回攻击敌人的营房和碉堡，很快占领了敌人的机枪阵地，冲进碉堡，将敌俘获。边一团团长廖启忠率领的另一路（二连、三连、五连）从左边大沙坝进至虎山公学附近后，便分头攻击福地坪和街道内的敌自卫队和警察营地。山上的枪声惊醒了山下营房里的敌人，部分敌人顾不上抵抗便狼狈逃窜。敌自卫大队大队长蓝春华也丢下部队，带上随从逃之夭夭。经过半个多小时的战斗，除部分逃跑者外，共毙俘敌人 68 名，缴获迫击炮 4 门，轻重机枪 16 挺，长短枪 146 支，子弹 20000 发，收发报机 2 部，军马 3 匹，其他军用物资一大批。攻克湖寮，影响极大。《华商报》以《大埔反动堡垒湖寮解放》为题进行了报道。

1949 年 1 月 29 日，在边区党委及边纵机关驻地光德漳溪，举办了庆祝边纵成立暨攻克湖寮军民大会。边区党委、边纵、韩东地委、饶埔丰县委领导和参加湖寮战斗的部分指战员及当地群众 2000 多人参加了大会。当晚还举行军民联欢文艺晚会。

二、策动国民党军起义

攻克湖寮极大地动摇了大埔境内国民党军军心，闽粤赣边区党委发动各级抓住这个时机，策动了其中部分国民党军起义。

1949 年 1 月中旬，独五大队通过大麻恭州南坑农会主席何凤常和恭州敬里区委书记廖群星做思想工作，策动驻守恭州的国民党广东省保安团的 1 个班 16 人起义。

　　1949年1月下旬，边纵一团团长廖启忠约见高陂自卫中队的李旭腾、刘卓伟商谈起义事宜。李、刘等人的举动引起国民党高陂驻军营长马汉初注意，为防止不测，李旭腾与中共饶和埔县委书记黄维礼联系商定"先解决自卫队第一分队人枪"。2月8日晚，李镜清带独五大队人员到达自卫队第一分队驻地黄塘顶炮楼，把熟睡的32名队员叫醒，收缴机枪2挺，步枪30支及弹药一批。随后撤出并烧毁炮楼，队伍趁夜回到根据地。韩东地委在光德上漳召开欢迎李旭腾、李镜清、刘卓伟等起义人员会议。

　　1949年1月10日攻克湖寮后，为保存实力，边纵部队主动撤出。大埔反动势力垂死挣扎，又重组起200多人的湖寮大队，下设3个中队。在革命形势的影响下，自卫大队大队长刘应基等人通过关系与大埔党组织建立了秘密联系。

　　1949年2月10日，刘应基获悉：驻湖寮的国民党军盘营欲将自卫大队编入该部，然后逃往汕头。当晚10时，刘应基仓促率自卫大队100多人（以二中队为主），借巡逻为名，携轻重机枪7挺、长短枪109支及弹药一批，来到镇外下坜村河滩上，宣布自卫队起义。起义队伍经辗转来到岩上大老寨，黄维礼、胡伟等边县委领导接见了起义人员，并召开了欢迎大会。

　　1949年4月，中共香港分局先派魏鉴贤到国民党保安军十二团，策动魏汉新起义。接着，边纵党委派陈明为代表，到英雅中村与保十二团魏汉新面谈起义事宜。5月15日，魏汉新率团直属队和第三营进驻梅城，将国民党在梅城的武器弹药仓库物资、银行现款收缴后于17日宣布起义。

三、战略进攻的实施

（一）为培养人才创办各类干校

早在 1948 年冬，边区党委在枫朗大埔角甲背村创办边区医院和卫生学校。医院和卫生学校由蔡伯诚任院长，李惠任政治委员。从中学招收 60 名学员，学习人体解剖学、急救学、护理学、药物学及战地救护等。1949 年 2 月，边区党委派陈明负责，在枫朗大埔角新围下创办财经干部训练班，第一期由梅州、韩东地委选送学员 60 人，分银行班、税务班、贸易班、会计班。学员学习 2 个月后提前结业，参加梅州和闽西地区政权接管工作。1949 年 2 月，韩东地委在光德富岭创办韩江干部学校（后来干校随边区党委机关迁到枫朗大埔角，大埔县城解放后迁入县城茶阳）。韩江干校向社会招收学员，韩东地委书记黄维礼兼任校长，开设政治理论、形势任务、群众路线、组织纪律、工作方法等课程及进行军事训练。干校举办 3 期共有学员 1000 多人。学员结业后主要分配到兴梅及闽西南各地参与解放战争及政权接管。

（二）大埔解放威震闽粤边

1949 年 1 月，在西河小调河召开的永和埔县委扩大会议上，根据闽西地委指示，县委改称为中共永和埔靖县委。江岩任县委书记，黄华任副书记，廖信任组织部部长，陈鸣任宣传部部长。会议研究了新的一年挥师闽西，向南靖边发展的具体问题。2 月，闽西支队改称为边纵第七支队。原闽西支队第三大队扩编为第七支队第三团，吴尚如任团长，黄华任政治委员，全团260多人。原闽西支队第一大队在梅县松源整编为第七支队第一团，团长陈菊，政治委员李志坚，全团300多人。整编后的第七支队第三团开赴西河富哉堂待命，做好挥师闽西准备。

3月19日，驻高陂的国民党粤保十二团第二营星夜奔袭富岭，因边区情报人员集中开会，未能掌握此敌情。当日早，在老虎崃担任警戒的边纵十三团一个班发现敌情，急忙开枪阻击。这时正在早操的指战员听到枪声才知道敌人打到了面前，团长黄晞急率三连、五连抢登老虎崃，副团长刘应基率一连抢登蔡崃，团值日的一连副连长李镜清也率直属排直冲老虎崃。战斗一直坚持到下午，毙、伤敌32人，在确知边区党委等机关都全部安全转移，人民群众亦已安全撤离后，黄晞始下令交替掩护，边打边撤。边区党委等机关转移至枫朗大埔角。

5月9日，中共闽粤赣边区党委决定以军事攻势和政治攻势瓦解相结合的形式解放大埔县城，由韩东地委书记黄维礼任总指挥，边纵第七支队政治委员范元辉任副总指挥，调集中国人民解放军闽粤赣边纵队第四支队第十三团、第七支队第三团、第一支队独立第六大队、第八支队1个连等部队为解放大埔县城的军事力量。14日拂晓，总指挥部攻击命令下达，各部便以密集火力，向敌人炮楼开火，敌人在梦中惊醒。8时许，黄维礼写信敦促县长饶邦泰投降，饶未答复。西门守敌黎世良部、刘多能部开枪顽抗，边纵便以火力迫敌龟缩在营房内。9时，张克昌率独六大队进占大华路农民银行及万川路警察局。张克昌在银行与国民党大埔县政府通电话，令其投降。随后，张克昌率独六大队鸣枪进入县政府。县政府守军和职员大部分已逃散，县长饶邦泰也不见踪影，教育科科长陈振邦向张克昌呈上县府大印。10时许，南面金山顶炮楼、东面象鼻山阵地、北路渡头岗炮楼、城中天主教堂炮楼、东较场炮楼之守敌，都在边纵的强大政治攻势和猛烈火力打击下放下武器，举手投降。12时，黄维礼、范元辉、卓禹轮等人进入县府，宣布军管会接管大埔县政府，发出安民布告及解放军的《约法八章》。随即成立大埔县人民民主政府，黄维礼任县长，黄光正、卓禹轮任副县长，接管工作顺利展开，县城举行了隆重的军民庆祝解放大会。

大埔县城解放后，钟盈率边纵十三团1个连沿汀江、韩江而下，三河、大麻的国民党政权和据点驻军慑于边纵的威力，主动缴械投降。驻高陂的国民党保安队看到大势已去，为保存实力，于5月13日夜撤往潮汕。14日，中共高陂区武工队进驻高陂镇。15日，十三团1个连及饶和埔丰边县机关警卫排开进高陂，加强防务。

大埔解放给予敌人沉重打击，推动了国民党军队起义进程。广东保安团蓝举初营于1949年5月14日下午率先起义，蕉岭县城解放。原国民党军驻粤东军政长官吴奇伟、魏鉴贤、曾天节、李洁之等在龙川宣布起义。17日，魏汉新部队起义，梅县宣告解放。此后，平远、兴宁、五华等县及丰顺部分地区先后解放，实现了闽粤赣边区党委从粤东先发起战略的第一步，威震闽西南。永定县长派出代表到大埔与共产党联系起义问题。5月22日，龙岩、永定、上杭、武平、连城各县县长及保四团4100多人在上杭宣布起义。

为接管闽西南，闽粤赣边区党委抽调军政干校、财经干校、独八大队及地方干部共370多人组成接管团，在大埔县城集结。6月13日，接管团及边纵四支队十三团，七支队十五团、十七团共2000人集中于茶阳太宁召开接管闽西南誓师大会。会后，接管团从太宁北上，协助接管闽西南各地。

第八节　抗击胡琏残部

1949年7月，国民党胡琏兵团残部约6000人，在南下大军的追击下，经兴梅、闽西逃往潮汕，后渡海逃台。闽粤边区打响了一场抗击胡琏残部的战役。

7月16日，华南分局、粤赣边区党委机关等单位从梅县县城撤出，转移到大埔青溪大塘背村等地，梅州公学一部转移到青溪案湖，边区医院、卫校转移到长治蓝田，迁来大埔的机关干部有400多人。另外，迁来埔北案湖等地的保卫部队500多人。华南分局书记方方、闽粤赣边区党委书记魏金水、边纵司令员刘永生及梅州地委、大埔县委领导等人住在青溪大塘背村晋寿楼。

8月23日，刘永生率部护送方方、华南分局秘书长李嘉人、魏金水及机关干部300余人，告别大塘背，轻装北上到江西迎接南下解放大军。

胡琏残部窜埔后，大埔县委、县政府也撤出县城，转移到湖寮等地。为保障上级机关安全和物资供应，接边区党委指示，大埔县委工作交黄维礼主持，县委书记张克昌率一部赶赴埔北大塘背，恢复原埔永梅边县的领导关系，组织起情报网，及时掌握情况，打击反动分子；同时指挥埔北、附城、西河、侯云区委、区政府发动群众，保障来埔上级党政军人员粮食及其他物资的供给。大埔独立团一部由团长巫少平指挥，部署于汀江东岸的青溪及松东三塔一带，作外围护卫。

胡琏窜敌进入大埔后，驻扎在英雅、三河、大麻、恭州、古野、高陂等韩江两岸乡镇，以守住沿江出海逃台通道，并在三河任命涂黼廷任大埔县国民政府县长。

大埔独立团一部在韩江东岸的南坑口、白沙坑、代富、龙江寺设伏，相机打击胡敌，掩护转入湖寮的地、县委机关。胡琏残部三次窜扰茶阳县城，均不敢驻在县城。

1949年8月8日，胡琏一部20多人在梓里村抢粮时，进入长寮尾山村。梓永区副区长兼武工队副队长曾祥麟接报后，率队员化装赶赴长寮尾，毙敌一人，其余敌人惊慌逃亡。8月底，胡琏一部从驻地三河进入湖寮河腰，湖寮武工队及民兵在水口先甲塔伏击，击退来犯之敌。9月8日，胡琏部再次偷袭湖寮区政府，值班员发现敌人后，即开枪阻击。在阻击战斗和撤退中，肖小兆、廖雪等壮烈牺牲。

9月12—27日，胡琏残部分批撤往汕头后逃至台湾。该部在大埔期间，抓丁拉夫计1525人押往台湾。

10月6日，大埔县党政机关由长治迁回茶阳县城，领导全县人民为社会主义革命和建设作出新的贡献。

后 记

　　为深入学习贯彻习近平总书记关于传承红色基因，弘扬革命精神的重要论述，认真落实广东省推动老区苏区振兴发展工作现场会精神，根据中共广东省委党史研究室、广东人民出版社联合组织出版《广东中央苏区革命简史》丛书编写方案的要求，大埔县委党史研究室即时组织人力编写《广东中央苏区大埔革命简史》。本书分为前言、党组织的创建和大革命时期、土地革命战争时期、全民族抗日战争时期、解放战争时期和后记六个部分。编撰出版《广东中央苏区大埔革命简史》，目的在于充分发挥党史存史、资政、育人的作用。让广大党员干部不忘初心，牢记使命，在习近平新时代中国特色社会主义思想伟大旗帜下，在决胜全面建设小康社会的伟大征程中，团结一心，奋力拼搏，把大埔这片红色土地，建设得更加富庶、文明、和谐，以告慰革命先辈，不负历史赋予我们的责任和使命。

　　2020年初，大埔县委党史研究室受命成立《广东中央苏区大埔革命简史》编委会，得到大埔县委、县政府领导的高度重视，并由县委常委、组织部部长陈军营同志分管此项工作。在上级党史部门的具体指导下，本书以中共大埔县委党史研究室 2007 年编著的《中国共产党大埔县地方史（第一卷）》为资料的主要来源，又在广泛收集了大量的与大埔苏区相关的历史文献、报刊资料，以及当事人的回忆录等翔实素材的基础上，经精心研究，认真撰写，历时 5 个多月，完成了约 12 万字的《广东中央苏区大埔革命简史》。

为把《广东中央苏区大埔革命简史》编修成"可信可读"的地方红色史书，编者对全稿进行反复修改和勘误，使文稿的史实更为准确，结构更为合理，内容更加充实，观点更加鲜明，文字更加规范。值此《广东中央苏区大埔革命简史》出版之际，要特别感谢参加本书编修工作的市、县退休的袁光明、连建文、林德树、余敏等老同志的悉心笔耕。

由于编者水平有限，加之年代久远，牵涉的事件与人物较多，历史资料或缺，书中难免有错漏和叙述欠妥之处，恳请方家和读者批评指正。

编 者

2021 年 3 月